KB069987

학교 현장을 중심으로 한

가족상담
이해와 활용

김혜숙 저

Family Counseling in School Settings

학지사

_____ 머리말 _____

　좋든 싫든 교사는 학생지도를 위해 학부모와 협조해야 하고 함께 노력해야 한다. 가족상담은 그러한 협조와 노력이 효과적으로 이루어지게 해 주는 귀중한 지식과 방법을 제공한다. 그런 점에서, 학교상담의 전문성을 신장하기 위하여 과거의 교도교사와 진로상담교사제도를 대체하여 1999년에 전문상담교사제도가 시작되면서부터 가족상담이 전문상담교사 연수뿐만 아니라 대학원에서도 필수과목이 된 것은 참으로 다행한 일이었다. 그러나 이후 20년 이상 매년 현직 교사와 대학원생을 대상으로 가족상담을 강의하면서, 항상 마음에 걸리고 아쉬운 것이 있었다. 바로 교재에 관한 것이었다.

　가족상담(가족치료)에 관한 교재들이 여럿 있었지만 모두 학교 외부의 기관에서 이루어지는 가족상담에 초점이 맞추어져 있어서, 학교에서 상담을 하게 될 교사와 대학원생을 위한 교재로는 적합하지 않은 느낌이 있었다. 그렇다 보니 가족상담에 대해 배우고 또 가족상담이 학생을 돕는 데 매우 효과적이라는 것을 알면서도 학교 현장에서 실행해 보려는 용기를 선뜻 내지 못하는 교사들도 많았고, 가족상담이 필요해 보이는 학생의 가족이 있으면 외부 전문 기관에 의뢰해야 한다는 생각을 하는 교사도 많았다. 또 가족상담을 실시하려면 오랜 전문적 훈련을 거쳐야 한다는 부담감 때문에 가족상담을 더 어렵게 여기는 교사도 있었다.

물론 외부 전문가에게 학생과 그 가족을 의뢰하여 도움을 받을 수 있게 하는 것이 필요한 경우도 있다. 그러나 교사가 학교에서 활용할 수 있는 가족상담의 귀중한 지식과 기법들도 많이 있다. 학생을 이해하고 지도하기 위해서 학생과 학부모를 상담해 본 경험은 모든 교사에게 있을 것이다. 학생의 이해와 상담에서 가족을 고려할 필요성에 대해서, 그리고 가족상담의 개념과 기법을 학부모상담에 적용하고 가족상담으로 확대하는 것의 이점에 대해서 필자는 강의와 수퍼비전을 통해 강조해 왔는데, 교사와 대학원생들도 가족이해의 중요성에 동의하고 가족상담이 학교에서 효과적이고 유용하였다는 경험을 많이 공유하였다. 그래서 가족을 이해하고 상담하는 데 유용한 개념과 기법들을 학교 현장에서 활용하기 쉽도록 구체적·체계적으로 제시하고자 이 책을 집필하게 되었다.

이 책은 크게 3부로 구성되어 있다. 제1부는 서론으로서, 교사가 가족상담에 대해서 왜 알아야 하며 그 이점은 무엇인지 제시한다. 교사 자신의 성장을 돕는 것뿐만 아니라, 학생의 이해와 변화를 위해, 교사-학생관계를 보는 관점을 넓히기 위해, 또 보다 효과적인 학부모상담을 위해 도움이 되는 점을 중심으로 설명한다. 제2부에서는 가족상담의 다양한 이론적 접근에서 가장 핵심적인 개념들을 제시함으로써 교사가 학교에서 가족상담을 활용할 수 있는 개념적 기반을 갖출 수 있게 하였다. 개인상담과 대비되는 가족상담의 특성, 가족의 체제적 속성과 피드백, 의사소통과 가족 역할, 가족구조의 경계와 위계, 가족발달주기, 가족관계의 다세대적 연계, 그리고 가족관계 이면의 관점과 신념 등의 인지적 측면을 설명한다. 제3부에서는 학교 현장에서 교사가 가족상담을 실제로 적용하는 과정과 기법들을 구체적으로 제시한다. 학부모를 초대하여 상담을 시작하는 것부터 목표를 설정하는 방법, 가족의 상호작용 패턴과 신념체계 및 세대 간 연계를 이해하고 평가하는 방법, 학생과 가족의 변화를 촉진하기 위한 질문방법 및 의사소통 행동 변화를 위한 개입방법, 가족의 비합리적·부적응적 인지 변화를 위한 개입방법, 가족 간 상호작용 행동 변화를 촉진하기 위한 개입방법, 가족구조의 변화를 위한 개입방법 및 행동적 과제를 활용한 개입방법 등을 설명한다.

　모든 장에서 학교 현장의 사례들을 가능한 한 많이 제시하고 상담의 구체적 반응들을 예로 제시함으로써 독자의 이해를 돕고자 하였다. 학생과 학부모의 특성과 상황 및 문제에 따라서 교사의 구체적 반응은 달라져야겠지만, 이 책에 제시된 상담자 반응의 예들은 실제 상담이 이루어지는 과정과 기법을 이해하고 적용해 보는 학습과정에서 모델로 활용될 수 있으리라 기대한다.

　지난 20여 년간 교사와 대학원생들에게 가족상담을 가르치면서 학교 현장에 맞는 가족상담 교재를 집필하겠다는 마음의 약속을 이제야 지킨 것 같아서 개운하다. 집필을 시작한 지 1년 이상 흘러 지지부진하던 차에, 최근 전 세계를 휩쓴 전염병으로 온라인 수업 외에는 거의 모든 활동의 자유가 제한되는 상황에 처하게 되면서 느끼는 갑갑함과 무력감을 이기기 위해 뭔가 의미 있는 결실을 맺어야겠다는 생각이 이 책을 집필하는 데 속도와 집중력을 제공하였다. 그 덕분에 책을 마무리할 수 있었을 뿐 아니라, 매일의 갑갑함이 성취감으로 바뀌고 활기 있는 날들을 보낼 수 있었다.

그동안 수업과 수퍼비전에서 고심과 보람을 공유해 준 교사와 대학원생들에게 감사하며, 이 책이 완성될 수 있도록 도움을 주신 학지사 김진환 사장님과 편집부 정은혜 과장님에게도 감사를 전한다. 이 책을 통해서 학생과 학부모를 이해하고 도울 수 있는 교사들의 역량이 강화되고 보람도 커지기를 기대하고 응원한다.

2020년 8월
모든 가족의 심신이 건강하길 기원하며
김혜숙

_____ 차례 _____

서론

가족상담이 필요해 보이는 학생의 가족이 있으면 외부 가족상담 전문기관에 의뢰하면 되지, 교사가 왜 가족상담에 대해 알아야 하는가? 가족상담을 잠시 공부한다고 학생지도에 과연 도움이 될 수 있을까?

가족상담에 대한 이해는 교사 자신의 성장을 가져옴으로써 학생 지도에 간접적으로 도움이 될 뿐 아니라 학생의 이해와 지도에 직접적인 효과를 높인다.

제1부에서는 교사가 가족상담의 주요 개념과 기법을 공부하는 것이 학생을 이해하고 돕는 데 어떻게 도움이 될 수 있는지 제시한다.

제1장

•

가족상담
왜 필요한가

학생의 문제를 규정하고 접근하는 방식은 다양하다. 가족상담
은 학생을 관계 속에서 이해하고 변화를 돕는 매우 효과적인
접근이다.

이 장에서는 학생의 이해와 변화를 효과적으로 돕기 위해, 교
사-학생관계를 보는 관점을 넓히기 위해, 효과적인 학부모상
담을 위해 도움이 되는 점들을 중심으로 설명한다.

새 학년에 5학년 담임을 배정받고 3월 첫 주가 시작되기 전에 맡은 학급의 학생 26명의 이름을 다 외우려고 애쓰는 중, 작년에 4학년을 가르치던 한 교사가 "선생님 반에 민수(가명)[1]라는 학생이 있지요?"라며 말을 걸었다. "작년에 민수랑 그 부모님 때문에 정말 힘들었어요. 수업 태도도 좋지 않고, 교과서에 낙서를 하거나, 딴 생각을 하거나, 조는 때도 많았는데, 지적을 받으면 오히려 자기가 화를 내요. 애들과도 사이가 안 좋고 작은 일에도 피해의식을 느끼고 걸핏하면 싸우고…… 입도 거칠고 성격이 너무 과격한 아이였어요. 민수 때문에 부모님께 연락드리면 전화도 잘 안 받으시고, 겨우 통화가 되면 오히려 다른 아이 탓을 하시고 그 나이 남자 애들이 다 그런 거 아니냐고 대수롭지 않게 말씀하시고……." 작년 담임 선생님의 말씀을 들으니 걱정이 앞섰지만, '그래도 선입견 없이 민수를 대해야지.'라고 생각하며 민수의 행동을 유심히 살폈다.

5학년이 되어서도 민수는 거의 매일 학급 아이들과 싸운다. 작은 일에도 화를 내며 욕설을 하고, 상대방이 먼저 기분 나쁘게 쳐다봤거나 무시했기 때문에 싸우게 됐다는 식으로 항상 다른 아이 탓을 하곤 분이 풀리지 않아서 씩씩 거리며 교사에게도 기분 나쁘다는 표정을 보이는 경우가 많다. 수업 중에 교과서를 펴 놓기는 하나, 적극적으로 참여하지 않고 교과서에 그림을 그리거나 낙서를 하는 때가 잦다. 가끔 수업에 참여하는 태도를 보일 때 칭찬을 하면 굉장히 좋아하며 흥분하는 모습을 보이나, 수업내용을 어려워하여 금방 집중도가 떨어진다. 학급 아이들과 친하게 지내지 못하고, 쉬는 시간에는 주로 다른 반에 있는 친구에게 가서 놀다 오며 방과 후에도 함께 몰려 지내는데, 저학년 아이들에게 돈을 뺏기도 하고 6학년에게 돈을 빌려달라고 한 일 때문에 피해학생의 부모들이 학교에 신고를 하였다.

---

1) 이 책에 제시된 학생의 이름은 모두 가명이며, 학생의 인구학적 특성과 가정환경 등은 그 신분이 노출되지 않도록 변경하였다.

이 사례에서 문제는 누구에게 있고 또 무엇이 문제인가? 또래 간 다툼, 공격적 언행, 학습부진과 일탈행동 등 민수의 여러 가지 행동이 문제인가? 민수의 낮은 자존감과 무기력감 등 부정적 정서가 문제인가? 자녀를 제대로 훈육하는 방법을 모르고 교사와 협조하지 않는 부모의 무관심이 문제인가? 민수를 공격성 높고 거친 문제학생으로 지목하고 제대로 대해 주지 않는 주변 학생들과 교사의 태도나 지도방법이 문제인가? 학생들의 다양한 특성과 관심에 따라 학교생활이 흥미로울 수 있도록 개별화되지 못한 학교 환경과 제도가 문제인가?

학생 한 명 한 명은 교사에게 매우 소중한 존재이고, 교사는 학생이 어려움을 겪고 있다고 여겨지면 이와 같이 다양한 질문을 해 볼 것이다. 그 질문들에 대한 답에 따라 교사는 다양한 해결책을 강구할 것이다.

민수가 수업에 전혀 관심이 없는 것은 아니나 학습내용을 어려워하다 보니 집중도가 떨어지는 것에 초점을 맞춘다면, 민수의 학습부진이 어느 정도인지를 보다 정확히 파악하기 위해 필요한 검사들을 실시하고 과목별로 민수의 수준에 적합한 과제를 제시하여 성공경험을 갖게 함으로써 학업성취도와 수업집중도를 높일 수 있도록 도울 것이다. 칭찬에 목말라하는 민수에게 아주 작은 일에도 적극 칭찬을 해 줌으로써 민수가 칭찬을 받기 위해 행동을 바르게 고치기를 기대할 수도 있다. 또래 간 다툼과 소원한 관계 개선을 위해서 민수와 비교적 마찰 없이 지낼 수 있을 것 같은 학생들을 같은 모둠에 배치하고, 민수가 적극적으로 참여할 만한 모둠별 활동을 강화하며, 학급 전체에 갈등해결훈련, 서로 칭찬하기, 고운 말 쓰기 등 또래관계를 긍정적으로 변화시키기 위한 노력도 기울일 수 있다. 교육과정에 학생들의 다양한 흥미와 관심사가 반영될 수 있도록 수업 내용과 방법을 다변화하는 노력도 할 수 있다.

상담은 인간의 긍정적 변화를 돕는 매우 효과적인 방법이다. 따라서 문제의 출발이 어디서부터라고 보든, 현재 여러 가지 문제를 경험하고 있는 민수를 돕기 위해 상담을 활용하는 것이 좋겠다고 생각하는 교사들도 많을 것이다.

상담을 통해서 민수를 돕고자 한다면 누가 상담자가 되는 것이 좋을까? 학생에 대해서 가장 많은 관심을 가지고 있고 몇 달간 지켜보며 지도해 온 학급 담임? 혹은 학생과 일상생활에서는 상호작용하지 않고 한 주에 한 번 정도 상담만 진행할 수 있는 학교 내 전문상담자? 혹은 민수에 대한 선입견을 갖지 않고 중립적일 수 있는 학교 밖의 상담전문기관에 종사하는 상담자?

내담자는 누구로 하며 어떤 형태로 상담을 진행할까? 학급과 학교에서 많은 문제를 일으키고 있으며 본인도 학교적응에 어려움을 겪는 것으로 보이는 민수를 내담자로 한 개인상담 및 보호자상담? 혹은 민수와 관계가 좋지 않은 학급 내 학생들을 포함한 집단상담? 혹은 민수 및 민수와 어울리는 학생들과 피해학생들이 함께 참여하는 집단상담? 혹은 민수와 부모가 함께 참여하는 가족상담?

누가 상담자가 되고 어떤 형태의 상담을 진행하든 민수가 학교

생활에 좀 더 잘 적응하도록 도울 수 있는 가능성이 열려 있다. 여기서 앞의 다양한 선택지가 가진 장단점을 비교하지는 않겠다. 민수의 심리적 특성, 담임 교사 및 학교 내 성인들에 대한 민수의 생각과 느낌, 민수와 담임 교사의 관계, 부모와 민수의 관계, 부모와 현 담임 교사의 관계, 민수 가족의 상황적 특성, 담임 교사 및 학교 상담자의 상담 전문성과 의도, 민수와 부모의 기존 상담경험 등 많은 변인이 상담자 및 상담 형태를 결정하는 데 영향을 미치기 때문이다.

상담이 민수와 같이 어려움을 겪는 학생들의 문제를 해결하거나 예방할 뿐만 아니라 모든 학생의 발달과 적응을 돕는 데 큰 도움이 된다는 것을 많은 교사가 이미 알고 있다. 그래서 상담 역량을 높이기 위해 열심인 교사들이 많다. 무조건적 수용과 공감적 이해, 그리고 진정성으로 특징지어지는 상담관계의 특성을 학생상담 시간뿐만 아니라 일상적 상호작용에서도 적용하려고 애쓰는 교사들도 많고, 집단상담 역량도 상당한 정도로 갖춘 교사들도 많다.

이는 모두 고무적인 일이다. 그러나 학생의 개인상담이나 집단상담을 통해 학생을 돕고자 노력하는 교사들이 흔히 겪는 좌절감이 있다. 바로 학생의 부모, 가족, 가정환경이 학생의 긍정적 변화를 저해한다는 느낌이다. 학생을 돕고자 하는 교사의 노력에 부모가 협조하지 않거나 무관심하다는 느낌, 시간과 노력을 기울여 학생을 상담해서 긍정적 변화가 있는 것 같았지만 부모나 가족이 고마워하기는커녕 오히려 변화를 방해하는 듯 이해하기 어려운 반응, 애초에 학생의 문제가 가정문제 때문에 생긴 것 같은데 그 가정

상황이 여전히 그대로라면 교사의 노력이 무슨 소용이 있을까 싶은 무기력감 등이다.

가족상담은 정신병원, 상담센터, 복지기관 등 학교 밖에서 시작된 역사를 가지고 있고, 현재도 주로 학교 밖의 기관들에서 이루어지고 있다. 그러다 보니 학교와 가족상담은 거리가 먼 것으로 생각하고, 가족에 문제가 있어 보이는 학생이 있다면 외부 상담기관에 가족상담을 의뢰해야 한다고 여기는 교사가 많았다. 물론 가족상담의 전문가가 되려면 오랜 수련이 필요하고, 학생과 가족이 가족상담 전문기관에서 도움을 받을 수 있도록 교사가 의뢰하는 것도 매우 중요하고 필요하다. 그러나 학교에서 적용할 수 있고 교사가 학생을 돕는 데 활용할 수 있는 가족상담의 귀중한 지식과 기법도 많이 있다.

교사도 가족 속에서 성장하였고 지금도 가족구성원으로서 살아가는 존재이므로, 가족상담을 공부하는 것이 교사 자신에 대한 이해와 성장에 도움이 되며, 교사의 성장은 결국 학생을 돕는 교사의 역량을 강화할 것이라는 점은 굳이 설명할 필요가 없을 것이다. 이 장에서는 교사 자신의 이해와 성장, 그로 인한 교사 역량 강화라는 기본적 효과에 더해서 가족상담의 개념과 방법이 교사에게 어떤 도움이 될 수 있는지 살펴본다.

학생에 대한 이해와 변화에 효과적이다

성인들도 가족 때문에 어려움을 경험한다고 호소하는 경우가 많다. 어린 시절에 부모가 자신에게 했던 부정적인 말이나 행동, 혹은 부모에게서 받고 싶었던 사랑과 양육을 충분히 받지 못했다는 박탈감, 어린 시절에 부모 간 갈등을 접하면서 겪었던 불안과 두려움이 과거와 현재의 자신에게 미친 부정적 영향 등 과거의 가족과 관련된 어려움, 혹은 성인이 되어 부모형제로부터 경제적으로 독립하여 홀로 삶을 영위하고 있지만 여전히 가족관계에서 겪는 어려움, 심지어 현재 결혼하여 새로운 가족을 이루었지만 자신(또는 배우자)의 원가족 및 확대가족과의 관계에서 겪는 어려움 등이 대표적이다.

이런 경우 개인상담에서는 내담자가 과거에 겪었거나 현재에 겪고 있는 어려움과 두려움을 극복하고 스스로 온전히 서서 인지적 · 정서적 · 행동적 기능을 발휘할 수 있도록 돕는 데 초점을 맞춘다. 다시 말해, 과거나 현재의 가족관계가 어떠하든지 내담자 개인이 건강하고 적응적으로 기능할 수 있도록 돕는 데 주된 관심이 있다. 따라서 개인상담에서는 내담자의 기능과 적응에 가족이 부정적 영향을 준다고 판단되면, 내담자가 가족으로부터 심리적으로나 심지어 물리적으로 분리될 수 있게 돕는 경우가 많다.

주변 상황과 환경이 어떠하든 자아를 건강하게 지키고 성장할 수 있도록 내담자 개인의 내면에 초점을 맞추는 개인상담과 대조

적으로, 가족상담은 인간에게 미치는 외부(즉, 가족)의 영향이 중요
함을 강조한다. 따라서 우리 삶에 지대한 영향을 미치고 종종 문제
의 근원이 되는 가족 구조와 관계를 이해하고 변화시킴으로써 가
족구성원 모두의 삶이 변화되도록 돕고자 한다. 가족 구조와 관계
가 변화하면 가족구성원 각각의 삶이 동시적 변화를 이루어서 그
변화가 강력하며 지속적일 수 있다고 보기 때문이다.

이러한 가족상담의 기본 전제는 학생의 이해를 위해 특히 유용
하다. 미성년자인 아동·청소년은 부모와 함께 살며 성장해 왔고,
학교가 파하고 나면 그 부모가 있는 집으로 매일 돌아간다. 학생이
문제를 보이는 것은 학생 자체의 문제(즉, 학생의 생각·감정·행동)
때문일 수도 있지만, 학생이 속한 관계상의 문제(즉, 상호작용의 문
제) 때문일 수도 있다는 것이 가족상담의 시각이다. 학생의 삶이 이
루어지는 주된 맥락인 가족체제를 잘 이해하면 학생을 한 개인으
로만 이해하려고 할 때보다 훨씬 더 풍부하고 깊이 있는 이해가 가
능하다. 학생의 부모를 만나서 이야기를 나눠 보니 학생에 대한 이
해가 깊어진 경험은 교사 누구에게나 있을 것이다. 이 책에서 제시
하는 가족상담의 주요 개념들은 그러한 이해가 보다 체계적·포괄
적으로 이루어질 수 있게 할 것으로 기대한다.

학생의 변화를 위해서도 가족상담은 매우 유용하다. 가족상담
은 가족 자체를 다루는 상담접근이므로, 학생의 현재 삶의 맥락이
자 중추인 가족체제를 직접 다루고 변화하게 함으로써 학생의 문
제해결과 성장이 보다 효과적·지속적일 수 있도록 도울 수 있다.

학생 개인의 변화를 위해 교사가 많은 노력을 기울였으나 가족으로 인해 학생의 긍정적 변화가 방해받는다는 좌절감을 느껴 본 교사들은 가족체제 변화의 필요성을 절감할 것이다. 미성년자인 학생은 가족과 함께 살 수밖에 없고 가족의 영향이 큰 만큼, 가족구성원 간 상호작용 변화를 통해 가족체제 자체가 변화하게 돕는 가족상담은 학생이 변화하는 데 강력하고 지속적인 효과를 가져올 수 있다.

교사-학생관계를 보는 관점을 넓혀 준다

개인의 행동은 개인 자체의 특성 때문일 뿐 아니라 관계의 속성 때문일 수 있다는 것이 가족상담의 시각이다. 즉, 동일한 사람이 어떤 관계 속에 있는가(누구와 함께하는가)에 따라 다른 모습을 보일 수 있다는 것이다. 한 친구와의 관계에서는 허용적이고 너그러운 사람이 다른 친구와의 관계에서는 경쟁적인 모습을 보이는 것, 친구들과의 관계에서는 독립적이고 성숙된 모습을 보이는 사람이 자기 어머니와의 관계에서는 의존적이고 고집스러운 모습을 보이는 것 등이 그 예이다.

물론 성인이든 학생이든 각 개인은 성격적 특성을 가지고 있어서, 상황이나 관계에 상관없이 일관성 있는 모습을 보이기도 한다. 그러나 다른 한편으로 동일한 사람이 관계에 따라 다른 모습을 보일 수 있다는 것 역시 맞는 말이다. 이 점이 교사에게 가르쳐 주는 것은 바로 학생 자체뿐만 아니라 교사—학생 간의 관계, 즉 상호작용에도 관심을 두라는 것이다.

학생이 속한 관계는 가족관계뿐 아니라 교사와 학생 간의 관계도 포함한다. 가족관계(가족체제)를 이해함으로써 학생에 대한 이해가 더욱 풍부해지고 깊어질 수 있다는 점은 앞에서 설명하였다. 여기서 강조하고자 하는 점은 바로 교사—학생 간의 관계(상호작용)에 대한 이해도 중요하다는 것이다. 학생과 교사는 교사—학생관계의 일부로서 서로 영향을 주고받기 때문이다. 교사들은 흔히 자신이 학생을 객관적으로 파악하고 있다고 생각하지만, 사실 교사가 보는 학생은 교사 자신과 학생의 관계 속에서 보이는 학생의 모습(다시 말해, 교사—학생관계에 의해 영향을 받는 학생의 모습)이다. 동일한 학생이 다른 교사와의 관계에서는 다른 모습을 보일 수 있다.

학생이 반항적인 행동을 보인 경우를 예로 들어 보자. 그 학생이 교사 앞에서 반항적인 모습을 보이는 원인은 다양할 수 있다. 공부에 흥미도 없고 잘할 수 있다는 자신감도 없는데 하루 종일 공부를 해야 된다고 느껴지는 학교생활이 지겹고 갑갑하여서거나, 혹은 친한 또래들이 교사들에 대해 부정적인 태도를 가지고 있고 순응적인 또래들을 무시해서거나, 혹은 부모 간 불화가 심한 가정환경으로 인해 심리적으로 분노와 불안이 많아서거나, 혹은 교사에게 인정을 못 받는다고 생각해서거나, 혹은 다른 학생도 잘못을 했는데 그 학생보다 자기를 교사가 더 많이 혼냈다고 억울하게 여겨서거나 등 많은 것이 원인이 될 수 있다.

이 중 일부 원인은 교사와 전혀 관련 없는 것이라고 할 수 있지만 또 다른 일부
는 교사와 관련 있는 원인이라고 할 수 있다. 그러나 최초의 반항적 행동이 일어
난 원인이 교사와 관련이 있건 없건 상관없이, 그 반항적 행동에 대해 교사가 어
떤 반응을 보이는가에 따라서 다른 상호작용이 생기게 된다.

우선 [그림 1-1]에서 보듯이 교사가 화를 내며 야단을 치는 경우를 생각해 보
자. A 교사가 학생을 '반항적이다.' '불손하다.' '제멋대로이다.'라고 부정적으로
생각하고 화를 내며 야단을 친다면, 이에 대해 학생은 또다시 불만과 분노를 느
끼게 되어 반항하고 싶은 마음이 더욱 강해질 수 있다. 그런 마음이 수동적인 반
항의 모습으로 나타나거나 혹은 공격적인 반항의 모습으로 나타나게 될 것이고,
그렇게 되면 A 교사는 이 학생을 '반항적'이라고 생각했던 자신의 최초 판단이 옳
다고 볼 것이며, 교사-학생관계도 악화될 것이다.

반면에 [그림 1-2]에서 보는 것처럼 B 교사가 화를 내지 않고 학생이 왜 그러
한 행동을 하게 되었는지 차분하게 물어보고 학생의 이야기를 경청하려는 태도
를 보인다면, 학생은 반항적 태도가 누그러지며 자신이 생각하는 바를 덜 불손하
게 교사에게 설명하려는 동기가 높아질 것이다. 그렇게 되면 교사와 학생 간에 대
화를 통해 문제를 해결할 가능성이 높아지고, B 교사는 학생을 '반항적'이라고
단정하기보다는 '자기 생각을 적절히 표현할 수 있는 능력이 커질 수 있도록 도와
줘야겠다.' '아이들 생각을 잘 들어 봐야겠다.' '아이들에게 지시를 할 때 좀 더 일
관성 있게 하도록 나도 노력해야겠다.'라고 생각하며 교사 자신의 행동과 태도를
점검할 가능성이 높아진다.

[그림 1-1] 학생의 반항적 행동을 야단치고 화내는 교사의 경우

[그림 1-2] 반항적 행동을 하는 학생에게 경청의 태도를 보이는 교사의 경우

　학생이 보이는 최초 행동의 원인이 무엇이든간에 교사가 어떻게 반응하는가에 따라서 다른 상호작용(관계) 형성이 가능하다는 점은 교사-학생 간의 관계 및 학생에 대한 교사의 시각을 넓혀 주고, 그와 관련하여 교사 자신을 점검해 볼 필요성도 부각시킨다. 학생이 문제행동을 계속 보이고 긍정적 변화가 일어나지 않는다고 여겨질 때 학생 자체나 가정환경 등에만 초점을 두어 '이 학생은 왜 이럴까?' '이 학생에게는 무슨 문제가 있을까?'라고 질문하는 데 그치지 않고, '내가 그 학생을 대하는 방식이 어떠하며, 나의 그러한 대응방식이 그 학생의 문제행동을 혹시 심하게 만드는 것은 아닌가?'라는 질문도 가져 보게 하는 것이다.

　행동주의 심리학은 학생들을 바람직한 방향으로 변화하게 하려면 바람직한 행동을 할 때 적극 강화하고, 바람직하지 못한 행동을 할 때는 강화하지 말아야 한다고 가르친다. 그래서 교사들은 학생이 바람직한 행동을 할 때 칭찬하고 인정하며, 학생이 바람직하지 못한 행동을 보이면 칭찬하지 않는다. 이는 학생지도의 매우 중요한 원리임에 틀림없다. 그러나 이런 원리는 교사-학생관계의 한 부분만을 강조하고 있다. 즉, 학생이 먼저 바람직한 행동을 해야 그 결과로 교사가 강화를 제공하게 된다는 것이다. 이는 교사의 칭찬을 받으려면 학생이 먼저 변화하여 바람직한 행동을 보여야 한다는 말이 된다.

　그러나 가족상담이 가르쳐 주는 대로 상호작용(즉, 관계)에 관심을 두게 되면, 학생의 변화를 위해서 교사 자신의 행동을 먼저 변화시키는 것도 중요한 대안으로 삼을 수 있어서 학생의 성장과 변화를 도울 수 있는 방법이 훨씬 풍부해진다. 교사가 먼저 다른 태도와 행동으로 학생을 대하게 되면 학생의 행동이 그 결과로 변화할 수 있다는 점을 알기 때문에, 학생이 먼저 변화해서 바람직한 행동을 보이기만을 기대하며 기다리지 않고 능동적으로 학생 변화를 위한 방안을 찾는 적극적인 교사의 자세를 가질 수 있다.

효과적인 학부모상담이 가능해진다

학부모는 교사와 함께 교육의 가장 중요한 주체이므로, 교사는 좋든 싫든 학부모상담에 임해야 하는 경우가 많다. 수십 년 전에는 교사보다 학력이 높은 부모가 많지 않았지만 요즈음에는 학력 수준이 교사와 같거나 심지어 교사보다 더 높은 부모들이 많아졌다. 그래서 학부모들을 대하기가 예전보다 더 어려워졌다고 느끼는 교사들도 많아 보인다.

학부모들의 학력 수준이 높아졌다고 해서, 과연 부모로서의 역량도 더 높아졌다고 볼 수 있을까? 자녀들의 학업을 도와줄 수 있는 부모 역량은 높아졌을 수 있다. 하지만 부모 역할은 학업지도보다 훨씬 더 광범위한 영역에서 이루어진다. 우리나라의 중등ㆍ고등교육에서는 좋은 부모가 되기 위한 교육을 하지 않는다는 점을 고려해 보거나 필자가 오랜 기간 학부모상담과 수퍼비전을 해 본 경험에 비추어 보면, 부모로서의 역량이 학력 상승과 함께 전반적으로 높아졌다고 보기는 어렵다.

그런데도 교사들이 학부모들에 대해 공통적으로 가지고 있는 기대가 있는 듯하다. 즉, '학부모들은 부모 역할을 잘할 수 있어야 한다.'라고 기대하는 듯하다. 물론 그것이 잘못된 기대라고 보기는 어렵다. 교사가 교사 역할을 훌륭히 할 수 있어야 하는 것과 마찬가지로, 학부모도 부모 역할을 훌륭히 해낼 수 있어야 한다. 대부분의 부모 자신도 그런 기대를 스스로에게 가지고 노력하고 있을 것이다. 그러나 안타깝게도 교육 현장에서 교사들이 만나게 되는 학부모들 중에는 그런 기대를 충분히 만족시키지 못하는 경우가 많은 것이 현실이다.

훌륭한 부모가 되고 싶다는 기대가 전혀 없이 부모가 되는 사람은 별로 없을 것이다. 그럼에도 불구하고 많은 학부모가 스스로의 기대나 교사들의 기대에 미치지 못하는 이유는 무엇일까? 학부모는 학생의 아버지(어머니)이며 보호자이지만, 그 학부모 또한 가족상담의 관점에서 보면 가족체제의 한 구성원으로 기능하는 존재이다. 따라서 학부모가 자녀양육을 효과적으로 하지 못한다면 그것은 그 학부모가 부모로서의 역량을 제대로 갖추지 못한 채 결혼하고 자녀를 낳은 준비부족 부모이기 때문일 수도 있지만, 가족관계의 역기능적 특성 때문에 부모 역할을 제대로 해내기 어려워서일 수도 있다.

예를 들어서 생각해 보자. 또래에 비해 지나치게 의존적인 학생이 있는데, 그 어머니를 만나 보니 학생을 매우 과보호하는 경향이 있다는 것을 교사가 파악할 수 있으면 우선 그 교사는 학생의 의존성과 어머니의 과보호하는 경향을 연결 지어 생각할 수 있다는 점에서 관계를 파악하는 눈을 가지고 있다고 볼 수 있다. 그래서 교사가 어머니의 과보호 경향을 낮출 수 있도록 (혹은 과보호하는 방식을 다르게 만들어서 학생에 대한 행동적 간섭을 줄일 수 있도록) 하는 것이 학생의 의존성을 줄이는 데 매우 중요하다고 생각한다면, 학생을 돕기 위해 효과적 방안을 탐색할 줄 아는 유능한 교사라고 하겠다.

가족상담을 공부하면 여기서 한 걸음 더 나아가서 보다 복합적인 관계적 역동을 이해할 수 있고, 학부모에 대한 교사의 비난적·비판적 태도도 줄어들 수 있다. 어머니와 학생 둘만의 관계를 보는 데 그치지 않고 안목을 좀 더 넓혀서 어머니-자녀관계에 영향을 미치는 부부관계, 아버지 역할, 아버지-자녀관계 등 아버지까지 포함하여 가족관계를 살펴볼 수 있게 되면, 어머니가 자신의 행동이 학생의 성장에 부정적인 영향을 미치는 줄 알면서도 왜 동일한 행동을 계속하는지 이해할 수 있게 된다.

다음 [그림 1-3]의 예를 보자면, 어머니와 아버지 사이의 부부갈등, 그로 인해 소원해진 부부관계, 그 결과 아버지는 더욱 일에 몰두하며 어머니는 자녀와 더욱 밀착되고 자녀를 더욱 과보호하게 되는 관계역동을 볼 수 있다. 이러한 관계역동에 대한 교사의 이해는 학부모가 부모로서의 역량을 제대로 발휘하지 못하는 이유를 심층적인 관점에서 파악할 수 있게 하여 학부모상담이 효과적으로 이루어지게 하고, 결과적으로 학생을 보다 효율적으로 도울 수 있게 될 것이다.

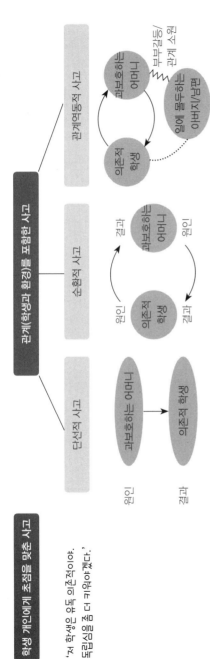

학생 개인에게 초점을 맞춘 사고

'저 학생은 유독 의존적이야. 독립심을 좀 더 키워야겠다.'

관계(학생과 환경)를 포함한 사고

단선적 사고

과보호하는 어머니 → 의존적 학생

원인
결과

'어머니가 너무 과보호하니 아이가 의존적이게 되었구나.'
(어머니의 과보호가 원인이 되어 학생의 의존적 성향이 결과로 나타났다고 봄)

순환적 사고

의존적 학생 / 과보호하는 어머니

원인 / 결과
결과 / 원인

'어머니가 과보호하는 아이의 의존성을 강화하고, 아이의 의존성은 어머니의 과보호를 강화하는구나.'
(어머니의 과보호와 학생의 의존성은 서로 원인이면서 결과이기도 하는 식으로 맞물려 있는 순환적 인과관계에 있다고 봄)

관계역동적 사고

과보호하는 어머니 / 의존적 학생 / 일에 몰두하는 아버지/남편

부부갈등/관계 소원

'어머니의 과보호와 아이의 의존성이 서로 맞물려 있는데, 어머니와 아버지 사이에 부부갈등이 있고 아버지는 일에 몰두하여 아내나 자녀와의 관계가 소원하다 보니 어머니와 아이는 더욱 밀착되어 의존성과 과보호 경향이 더욱 강해지는구나.'
(어머니의 과보호와 학생의 의존성이 순환적 인과관계로 얽혀 있는데, 그러한 관계는 부부관계와도 얽혀 있다고 봄)

[그림 1-3] 학생 문제의 이해와 해결을 위한 다양한 관점

제2부

가족상담의
주요 개념

개인상담에 다양한 이론적 접근이 있는 것처럼, 가족상담에도 다양한 접근법이 있다. 이론적 입장에 따라서 건강한 가족이란 어떤 것인지, 문제의 원인은 무엇이고, 그러한 문제를 해결하도록 돕기 위한 상담기법은 어떠한지 등이 다양하게 나타난다. 이러한 이론적 다양성에도 불구하고 가족상담에서 핵심적인 것으로 공유·인정되는 가정 및 주요 개념들이 있다. 제2부의 제2장부터 제8장까지는 교사가 학생과 그 가족을 이해하고 돕는 데 유용한 가족상담의 기본 가정 및 주요 개념들을 설명한다. 이는 제3부의 실제 상담 과정과 기법을 학습하는 기반이 될 것으로 기대한다.

제2장

●

관계
: 개인상담과 가족상담의 차이

가족상담은 단순히 가족구성원들을 함께 상담하는 형태를 넘어
서, 문제를 보는 시각 및 해결방안에 대한 접근 자체가 개인상
담과 구별된다.

이 장에서는 개인상담과 대비하여 가족상담에 어떤 특징이 있
는지를 설명한다. 개인의 내면세계에 주된 관심이 있는 개인상
담과 달리, 가족상담은 개인 간의 관계에 관심이 집중된다. 개
인상담은 직선적 인과관계를 가정하는 반면 가족상담은 순환적
인과관계를 중시한다.

개인 vs. 관계

1) 개인상담: 개인의 내면세계와 행동에 관심이 집중된다

개인상담의 기본적 관심은 개인의 내면적 세계 및 행동에 있다. 여기서 개인이라 함은 문제를 스스로 경험하거나 타인이 문제로 지목하는 사람을 뜻한다. 마음이 너무 우울하거나 불안해서, 학업이나 진로에서 경험하는 문제의 해결을 위해서, 혹은 친구나 가족과의 관계에서 심한 어려움을 느껴서 도움을 요청하는 사람이 상담자를 찾는 개인이 될 수 있다. 반면에 자신은 별로 힘들다고 느끼지도 않고 상담자의 도움이 필요하다고 생각하지도 않지만, 주변 사람들이 그 사람의 언행 때문에 괴로움을 당하여 "저 사람은 문제가 있다."라고 지목함으로써 상담실에 보내지는 사람도 개인상담의 대상이 될 수 있다.

스스로 문제를 경험한다고 인식하여 상담을 요청하였건, 타인에 의해 상담실에 의뢰되었건 간에 개인상담을 진행하는 상담자는 내담자의 문제를 주로 개인의 심리내적 문제나 기술의 부족에서 찾는다. 그 문제와 원인을 어디서 주로 찾느냐에 따라 개인상담의 이론적 관점들은 달라질 수 있다. 개인의 생각(인지) · 감정(정서) · 행동이 모두 중요하며 또 서로 영향을 주고받는다는 점은 대부분의 개인상담자가 동의하지만, 그중 무엇이 가장 핵심적이고 기저에 있다고 보는지, 또 그 원인이 어디에 있다고 보는지가 달라진다.

　정신역동적 상담이론은 개인의 내면세계를 성충동과 갈등이라
는 측면에서 이해하며, 어린 시절 성장과정에서의 내적 갈등에서
문제의 원인을 찾는다. 따라서 무의식을 의식화하는 과정이 문제
해결의 중요한 부분으로 여겨진다. 반면에 행동주의적 상담이론
은 개인의 행동과 기술이라는 측면에서 문제를 이해하고자 하며,
문제행동이란 잘못된 학습의 결과라고 보기 때문에 새로운 학습을
통해서 문제가 해결될 수 있다고 본다. 인지상담이론은 개인의 인
지 내용 및 과정이 문제의 핵심이라고 보기 때문에, 비합리적 신념
및 왜곡된 인지과정을 찾아서 합리적인 인지로 변화할 수 있도록
도우면 그 사람의 행동적 · 정서적 문제도 해결될 수 있다고 본다.
이처럼 개인 내면세계의 어떤 측면에 주된 관심을 가지고 문제를
이해하고 해결하려는지에 따라서 이론적 관점이 다양하지만, 모두
개인 자체에 초점을 맞추고 있다는 점에서는 공통적이다.

2) 가족상담: 개인 간 관계에 관심이 집중된다

　반면에 가족상담의 기본적 관심은 개인과 개인 간에 이루어지는
관계의 세계에 있다. 개인과 개인이 만나면 상호작용이 이루어지
고 시간이 흐름에 따라 그 상호작용은 일정한 패턴과 형태를 가지
게 된다. 인간은 출생 시부터 가족관계의 일부로 태어나 관계 속에
서 성장해 가며, 성장 후에 다시 두 개인이 만나 사귐의 과정을 거
치고 결혼을 통해 부부가 되고 자녀를 낳아 기르면서 부부관계, 부
모-자녀관계, 가족관계 등 상호작용의 패턴이 또 만들어지고 관계

가 형성되는 것이다. 개인은 관계의 일부로 태어나 관계의 일부로 살아간다.

　이러한 관계는 개인들이 만나서 이룬 것이지만, 관계는 그 속에 포함된 개인들의 행동에 영향을 미치게 된다. 관계가 개인의 어떤 행동은 촉진하는 반면 어떤 행동은 억제하기도 한다. A라는 동일

한 개인이 B라는 친구와의 관계에서 하는 행동과 C라는 친구와의 관계에서 하는 행동이 다른 경우, 예컨대 A가 A-B의 관계에서는 양보하고 친절한 행동패턴을 보이지만, A-C의 관계에서는 경쟁적이고 이기적인 행동패턴을 보이는 경우를 생각해 보라. 이는 A-B의 관계 및 A-C의 관계가 A의 행동에 영향을 미친다는 것을 의미하며, 관계를 고려치 않고는 이해하기 어려운 부분이다.

가족관계는 개인과 개인이 이루는 관계 중에서 가장 핵심적이며, 가족상담은 가족관계(가족체제[1])를 상담의 대상으로 삼는다. 가족체제의 문제가 개인을 통하여 표현된다고 보기 때문에, 문제를 보이는 개인의 내면세계에 초점을 맞추지 않고 가족관계에 주된 관심을 두어 문제의 이해와 해결을 해 나가는 것이다. 이때 문제를 보이는 개인을 흔히 IP(Identified Patient)라고 부른다. 즉, IP는 문제행동을 보임으로써 가족체제의 문제를 드러내어 가족상담을 시작하게 된 동기를 제공하였지만, IP 자체의 문제행동이나 내면세계에만 초점을 맞추어 상담을 진행한다고 가족체제의 문제가 해결될 것이라고 가정하지 않는 것이 가족상담의 기본적 입장이다. 오히려 IP로 인해서 드러난 가족체제의 문제, 달리 말해 가족구성원 간 상호작용, 즉 관계가 가족상담의 대상이 되어야 하며, 가족체제의 문제가 해결되어야 IP의 문제도 해결되고 다른 가족구성원에게서 또 다른 문제가 발생하지 않을 것이라고 본다.

---

1) 체제란 상호작용상에 있는 요소들이 이루는 복합체를 의미한다. 따라서 가족체제란 가족구성원들이 서로 상호작용하면서 이루는 복합체로서, 그 자체가 하나의 살아 있는 존재라고 본다. 체제의 특성은 제3장에서 자세히 설명할 것이다.

가족관계(체제)의 어떤 측면에 초점을 맞추어서 가족관계를 이해하고 변화하도록 돕느냐에 따라서, 또 가족관계와 가족구성원 개인에 대한 관심의 상대적 비중과 중요성에 따라서 가족상담의 이론적 입장이 달라지지만, 가족관계에 대한 관심은 가족상담의 중요하고 공통된 특징이다. 대화가족상담접근은 의사소통이라는 관계영역을 통해서 개인과 개인이 상호작용하는 현상들에 초점을 두어 가족관계를 이해하고 변화시키고자 한다. 구조적 가족상담접근은 개인과 개인 간의 경계가 어느 정도로, 또 어떤 모습으로 있는지를 포함하는 구조적 측면을 통해서 가족관계를 이해하려고 한다. 반면에 맥락적 가족상담접근이나 Bowen 등의 다세대적 가족상담접근은 가족관계를 현재의 핵가족에만 국한시키지 않고, 다세대에 걸쳐서 이어 내려오는 관계적 맥락과 연관성을 통해 가족관계를 이해하고자 한다. 이처럼 이론적 입장에 따라서 가족관계를 이해하는 관점이 다양하지만, 가족관계에 대한 관심은 공통적이다.

 사례에 적용해 보기

제1장에 제시한 민수 사례를 생각해 보자. 민수의 심한 분노와 억압된 감정, 공격적인 말과 행동, 타인이 자기에게 적대적이라고 생각하는 민수의 피해의식과 인지적 오류 등 어느 한 측면에 초점을 맞추건, 민수의 인지 · 정서 · 행동 등을 다각도로 파악하는 절충적 입장을 택하건 간에 개인상담자는 민수라는 개인을 상담의 대상으로 삼을 것이다. 민수에 대한 개인상담을 진행하면서 민수의 부모님은 보호자로서 민수의 문제해결을 돕기 위해 상담에 일부 참여할 수도 있

을 것이다.

　반면에 가족상담자라면 민수 가족의 체제적 특성(관계)을 파악하고 민수의 문제행동이 그 체제적 특성을 어떻게 반영하고 관련되는지에 관심을 둘 것이다. 가족체제를 이해하기 위해 가족구성원 간 의사소통이나 구조적 특성 및 역할, 혹은 민수 부모의 원가족[2]까지 걸치는 다세대적 대물림이나 연관성에 초점을 맞추는 등 가족상담자가 가족체제를 이해하기 위해 주로 활용하는 개념 틀에는 차이가 있겠지만, 민수뿐만 아니라 민수의 부모 형제 전부 혹은 적어도 일부를 상담에 함께 참여하도록 권할 것이다. 민수의 부모 형제는 민수와 함께 가족체제를 이루는 중요한 구성원이기 때문이다.

직선적 인과관계 vs. 순환적 인과관계

1) 개인상담: 문제행동에 관한 직선적 인과관계를 가정한다

　개인의 문제행동에 관련된 인과관계를 보는 관점에서도 개인상담과 가족상담은 큰 차이를 보인다. 개인상담은 직선적 인과관계를 가정한다. 즉, 행동주의적 관점에서는 과거의 잘못된 조건화 등 학습의 역사가 문제행동의 원인이라고 보며, 인지상담접근에서는 비합리적 신념(예: "나를 아는 모든 사람은 나를 사랑하고 인정해야만 돼. 안 그러면 너무나 끔찍한 일이야.")이나 왜곡된 인지과정(예: 흑백논리

---

2) 원가족(family of origin)이란, 어머니와 아버지가 각자 태어나서 자란 가족을 말한다.

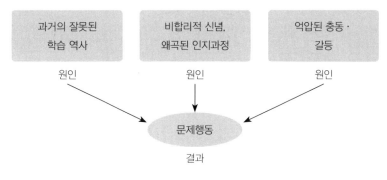

[그림 2-1] 직선적 인과관계

적 사고)이 행동적 · 정서적 문제를 야기한다고 본다. 정신역동적 관점에서는 어린 시절의 성장과정에서 대상관계를 제대로 형성하지 못했거나 갈등이 제대로 다루어지지 못한 것이 정서적 문제의 원인이라고 본다. 이처럼 원인과 결과의 구분이 분명하며 직선적이다.

2) 가족상담: 구성원 간에 서로 영향을 주고받는 순환적 인과관계를 가정한다

이와는 대조적으로, 가족상담에서는 원인과 결과를 직선적으로 보지 않고 순환적으로 본다. 가족관계의 맥락에서 문제가 발생하고, 가족구성원 간의 상호작용을 통하여 서로 계속 영향을 주고받음으로써 문제를 지속시킨다고 보는 것이다. 예컨대, 지나치게 간섭하고 과보호하는 어머니의 행동(원인)이 자녀의 의존적 성향(결과)을 강화하지만, 자녀의 의존적 성향(원인)이 어머니의 과보호 성향(결과)을 더욱 강화하기도 한다. 즉, 과보호하는 어머니와 의존적

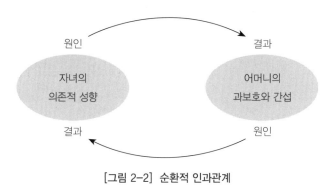

[그림 2-2] 순환적 인과관계

자녀는 관계 속에서 보면 각각 원인이기도 하고 결과이기도 한 것이다. 이처럼 순환적 인과관계를 가정하기 때문에 IP의 문제에만 관심을 가지지 않고 가족관계에 주된 관심을 두는 것이다.

 사례에 적용해 보기

제1장에 제시된 민수 사례의 공격적 언행에 적용해서 인과관계를 생각해 보자. 먼저, 민수 개인에게 초점을 맞추는 개인상담의 시각에서 보자. 행동주의적 관점에서 보자면, 민수의 공격적 언행은 그 원인이 잘못된 학습에 있다고 본다. 즉, 주변 인물들의 공격적 언행을 관찰학습하였고, 또 비공격적 언행은 충분한 강화를 못 받은 대신 공격적 언행이 강화를 받았기 때문에 유지된다고 볼 것이다. 인지적 접근에서는 민수가 또래 및 교사에 대해 '나를 좋아하는 사람 아니면 싫어하는 사람'으로 흑백논리를 적용하거나, 혹은 중립적 자극(예: 또래가 '쳐다본다' '관심 없다')도 적대적 자극(예: '째려본다' '무시한다')으로 왜곡해서 인지하기 때문에 분노와 공격행동이 더 많아진다고 볼 것이다. 정신역동적 관점에서 보자면, 어린 시절에 제대로 돌봄을 받지 못해서 대상 및 자아가 적절

히 형성되지 못하였다거나, 혹은 무의식에 억압된 충동이 민수 자신의 의식 · 통제를 벗어나며 공격성으로 나타난다고 볼 것이다. 이처럼 과거의 부모양육이나 잘못된 학습 역사, 인지적 왜곡이 원인이 되어 그 결과 공격적 행동이 나타난다고 보는 직선적 인과관계를 가정한다.

　　반면에 가족상담의 시각에서 볼 때 민수의 공격적 행동은 부모나 형제, 또래 혹은 교사의 부정적 반응의 원인이 되기도 하면서 동시에 그 결과이기도 하다. 예컨대, 부모나 주변 인물의 인정과 사랑을 받고 싶은 민수의 욕구가 좌절되어 분노가 일어나는데, 부모는 무관심하여 민수의 마음을 몰라주고, 그 분노를 부모에게 표현하면 오히려 혼이 나니 대신 만만한 또래에게 시비를 걸고 공격적 언행을 표출하게 되며, 그 결과 또래와 교사는 민수를 더 싫어하게 되고, 또래와 교사가 민수에게 부정적인 태도로 대한 결과 민수는 더 공격적이 되고 학교에서 다양한 문제를 일으키니 부모는 민수에게 화가 나서 인정 · 사랑을 더욱 안 주게 되는 결과가 초래되는 상호작용의 고리를 볼 수 있다. 이러한 상호작용의 고리에서 최초의 원인이 무엇이었는지는 가족상담에서 별로 중요하지 않다. 최초의 원인을 찾기보다는 현재 문제를 지속시키는 순환적 인과관계를 파악하고 그중 변화 가능한 부분부터 변화시킴으로써 새로운 순환적 인과관계, 즉 새로운 상호작용이 이루어지도록 하여 문제를 해결하려고 한다.

제3장

•

가족체제와
피드백

가족구성원들 간의 상호작용을 통해서 가족은 하나의 체제를 이루게 된다. 가족체제의 어떤 측면에 초점을 맞추는지는 가족 상담의 이론적 접근에 따라 다르지만, 가족을 하나의 체제로 본다는 점은 공통적이다.

이 장에서는 체제의 속성 및 체제가 일관성 있게 기능을 유지하기 위해 필요한 정보를 활용하는 피드백 과정에 대해 설명한다. 긍정피드백과 부정피드백이 체제의 유지나 변화 및 문제와 가진 관련성, 그리고 문제해결을 위한 변화의 수준에 대해서 살펴본다.

 가족상담은 개인상담과 기본적으로 다른 관점을 가지고 있는, 즉 관계를 대상으로 하는 상담이라는 것을 앞 장에서 강조하였다. 관계를 이루는 사람이 둘만으로 한정될 때는 그 관계를 이해하기가 비교적 수월하다. 두 사람의 친구관계에서 한쪽이 좀 더 주도적이면 다른 쪽은 주도적인 친구에 따라가는 편이거나, 부부 중 한쪽이 집안일을 열심히 하고 다른 쪽은 덜 열심히 하는 등 두 사람의 상호작용과 관계적 특성을 보는 것은 그리 어렵지 않다.

 그러나 여러 구성원으로 이루어진 가족, 예컨대 어머니, 아버지, 아들, 딸 등 네 명으로 이루어진 가족만 보더라도 가족의 상호작용 패턴을 파악하는 것은 매우 복잡해진다. 두 사람의 관계만을 보더라도 어머니-아버지, 어머니-아들, 어머니-딸, 아버지-아들, 아버지-딸, 아들-딸 등으로 다양한 관계가 있을 뿐 아니라 어머니-아버지-아들, 어머니-아버지-딸, 어머니-아들-딸, 아버지-아들-딸로 이루어지는 세 사람의 관계, 어머니-아버지-아들-딸 전체의 관계 등으로 복잡해진다. 그뿐 아니라 두 사람 간의 관계(예: 어머니-아버지)나 세 사람 간의 관계(어머니-아버지-아들)는 그 관계 밖의 다른 사람(아들이나 딸)에 의해서 또 달라지게 된다. 또한 4명으로 이루어진 이 가족은 홀로 고립되어 사는 존재가 아니므로 조부모나 다른 친척, 친구 등과의 상호작용에 의해 또 달라지게 되는 매우 복잡한 양상을 보인다. 그래서 가족상담접근은 일찌감치 '체제(system)'란 개념을 활용해서 가족을 이해하고 도우려는 시도를 해 왔던 것이다.

 따라서 가족상담이 '관계'에 초점을 맞추어 이루어지는 상담이라는 것은, 가족을 하나의 체제로 보고 상담을 진행한다는 말과 같다. 사람들의 관계는 상호작용에 의해서 일정한 형태(패턴)를 지니게 되는 바, 가족구성원들은 상호작용을 통해서 일정한 형태의 가족체제를 만들어 낸다고 보는 것이다. 다양한 가족상담접근은 서로 다른 철학적 개념과 배경을 가지고 있지만, 그 다양성에도 불구하고 가족을 하나의 체제로 본다는 점에서 공통성을 지니고 있다. 대화가족상담접근은 의사소통이란 측면에 초점을 맞추는 반면 구조적 가족상담접근은 경계선과 같은 구조적 측면에 초점을 맞추고, 전략적 가족상담접근은 위계 및 피드백이란 측면에 초점을 두어 체제를 이해하고 변화시키고자 하는 것이다.

일부 상담자는 '체제'란 말을 가족에 적용시켜서 '가족체제'라고 할 때 단순히 가족을 하나의 단위로 보고 상담을 진행한다는 의미로 사용하기도 한다. 그러나 체제는 '하나의 단위' 이상의 보다 심층적인 의미로 사용되고 있다. 체제의 개념과 특성은 1940년대 오스트리아의 Bertalanffy가 제시한 일반체제이론(General Systems Theory)에 의해 가장 잘 설명되었는데(Nichols & Davis, 2017), 이 이론은 가족체제를 이해하는 데 여전히 많은 도움을 주고 있다.

체제의 속성

1) 체제(system)란 상호작용상에 있는 요소(부분)들의 복합체이다

A라는 개인과 B라는 개인이 만나서 상호작용을 하게 되면 독특한 하나의 체제를 이루게 된다. 그런데 가족체제처럼 살아 있는 인물들이 이루는 A와 B의 관계는 C라는 또 다른 개인이 A−B 체제와 함께 있을 때와 C가 함께하지 않을 때에 따라 달라지게 된다. 즉, C는 A−B의 관계에 영향을 미친다(물론 A−B의 관계도 C에게 영향을 미친다). 이처럼 체제는 그 체제를 구성하는 요소들 간의 상호작용을 통해서 독특한 형태를 이룰 뿐 아니라 외부와도 상호작용을 주고받는다.

2) 체제는 그 내부에 하위체제들(subsystems)을 가지고 있다

아버지, 어머니, 아들, 딸로 이루어지는 가족체제를 예로 들면, 아버지, 어머니, 아들, 딸 등의 각 가족구성원은 각기 하나의 전체(개인)로서 완전한 체제(가족의 하위체제)를 형성하고 있으며, 상호작용 유형과 개체별 속성에 따라 또 다른 여러 단위로 나뉜다. 어머니와 아버지는 부부하위체제 및 부모하위체제를 구성하며, 아들과 딸은 자녀하위체제를 구성한다. 어머니와 딸은 여성하위체제, 아버지와 아들은 남성하위체제를 구성한다. 성별 · 세대별 구분에 의해서만 하위체제가 구성되는 것이 아니라 성격적 · 사회적 특성에 따라서도 하위체제가 구성될 수 있고 시간이 흐름에 따라 하위체제가 달라질 수도 있다. 예컨대, 사회적 · 직업적 기능이 우수한 하위체제 및 그렇지 못한 하위체제 등으로도 나누어질 수 있다.

3) 체제 전체는 부분(요소)들의 합보다 크다

체제가 하위체제들로 나뉜다고 해서 하위체제들의 단순한 합이 전체 체제는 아니다. 다시 말해, 가족체제를 이루는 아버지, 어머니, 아들, 딸 각 개인을 모두 이해한다고 해서 이들 구성원이 이루는 가족체제 전체를 이해할 수는 없다는 것이다. 각 가족구성원은 가족체제 전체를 이루는 요소들일 뿐이며, 이들 간의 상호작용은 관계적 측면에서 이해할 때만 보이기 때문이다. 이것이 가족상담에서 관계패턴의 이해를 중시하는 이유이기도 하다. 이렇게 본다면, 교사가 학교에서 나타나는 학생의 모습을 관찰하고 또 그 학생과의 개인적 면담을 통해 학생에 대해 이해한 것은 부분적 이해에 불과하다고 할 수 있다.

4) 가족체제는 보다 큰 체제의 한 부분이 되며, 환경과 끊임 없이 상호작용하는 열린 체제(open system)이다

가족체제는 부분들(가족구성원, 하위체제)로 이루어져서 하나의 전체를 이루게 되지만, 그 체제 또한 더 큰 체제의 한 부분이 된다. 확대가족체제의 일부가 될 뿐 아니라 지역사회, 문화, 정치 체제 등의 더 큰 체제 속에서 가족체제가 존재하고 기능하는 것이다. 또 기계와는 달리 가족체제는 살아 있는 사람들로 이루어져 있어서, 외부 환경 및 더 큰 체제와 상호작용하고 영향을 주고받는다. 교사가 가족체제를 이해하고 돕고자 할 때, 그 가족을 하나의 섬처럼 외부 세계와 동떨어진 체제로 보려 한다면 체제의 속성을 충분히 알지 못하게 된다. 심지어 외부 세계와 담을 쌓고 고립되어 사는 것처럼 보이는 가족도, 눈에 보이지 않는 더 큰 체제 속의 한 부분으로서 영향을 주고받는 상호작용이 일어나고 있다고 보아야 한다.

5) 가족체제는 살아 있는 열린 체제로서 환경의 변화에 대처 하려고 한다

환경 변화에 대처하는 가족체제의 기능은 항상성과 변형성의 두 가지로 크게 나눌 수 있다. 항상성(homeostasis)이란, 체제가 환경의 영향을 통제하며 체제의 일관성을 유지하려는 경향을 의미한다. 외부 환경이 더워져서 체온이 올라가면 땀이 나서 체온을 내려 정상적으로 유지하게 되는 것과 같다. 가족체제도 다른 열린 체제들처럼 환경 변화에 대응하여 체제의 일관성을 유지하려는 항상성을 가지고 있다.

예

어느 어머니가 부모교육 강좌에서 'I-message'의 장점을 배운 후에 집에 가서 자녀에게 'I-message'를 활용하려고 시도하였다. 예전처럼 "왜 이렇게 집에 늦게 왔니?"라고 야단치는 식으로 말하지 않고 "연락 없이 늦게 와서 엄마가 걱정 많이 했어."라고 말하였다. 그랬더니 자녀는 어머니의 변화(다른 방식의 대화)에 대해 "엄마, 걱정하시게 해서 미안해요."라고 반응하지 않고, "엄마, 왜 그래요?"라며 빤히 쳐다보았다. 이런 자녀의 반응에 어머니는 기분이 상해서 '에이, 쑥스러운 걸 무릅쓰고 I-message를 써 봤는데, 아이가 그렇게 반응하니 앞으로 I-message를 쓰지 말아야겠다.'라고 생각하며 예전의 대화방식으로 다시 돌아가게 된다면 그것이 바로 항상성이다.

항상성의 기능은 미래에 대해서 예측이 가능하도록 함으로써 체제 내의 구성원들에게 안정감과 편안함을 줄 수 있다. 그러나 체제가 자신의 일관성을 유지할 수 없을 정도로 환경의 변화가 강하거나 지속적이어서 항상성의 노력이 적절하지 않게 되면 스스로 변화를 향해서 노력하게 되는데, 그것이 바로 **변형성**(morphogenesis)의 기능이다. 이러한 변형성의 기능은 체제가 필요시 스스로의 변화를 통해서 유연하게 환경에 적응하며 생존할 뿐 아니라 발달할 수 있도록 해 준다. 즉, 열린 체제는 외부 자극에 반응할 뿐 아니라 더 나은 상태를 지향하여 적극적으로 변화의 노력을 시도하기도 한다.

예

어머니가 자녀의 반응에 대해 기분이 상하더라도 예전의 대화방식으로 돌아가지 않고, "응, 엄마가 오늘 부모교육 강좌를 갔다 왔어. 그동안 네게 야단치는 식으로 말을 많이 했었는데, 그렇게 말하는 것보다 엄마의 기분과 생각을 얘기하는 게 더 좋다고 배웠어. 그래서 어색하더라도 새로운 방식으로 대화해 보려고 노력 중이야."라고 설명하며 계속 I-message를 사용한다면 어떤 일이 일어날까? 어머니의 계속된 노력이 이어지자 자녀도 어머니의 새로운 대화방식을 배워서 I-message를 함께 사용하게 된다면 그것이 변형성이다.

6) 가족체제는 동일한 목표에 도달하는 방법을 다양하게 지니고 있다

기계와 같은 닫힌 체제(closed system)는 시작부터 최종 상태에 도달하는 방법이 정해져 있다. 그러나 가족체제는 살아 있고 열린 체제(open system)이므로, 시작 상태와 조건도 다양할 수 있고 목표에 도달하는 길과 방법이 달라도 동일한 목표에 도달할 수 있다.[1] 가족을 돕는 상담자의 관점에서 보면, 동일한 문제를 지닌 것처럼 보이는 가족들이라도 그 문제의 원인과 경로는 다를 수 있으며 또한 문제를 해결하고 건강한 상태로 변화하는 방법도 가족들마다 다양하다.

---

[1] 이러한 체제적 특성을 Bertalanffy는 'equifinality(길이 달라도 동일한 결과에 도달함)'라고 불렀다.

피드백

가족은 하나의 체제로서 항상성과 변형성을 가지고 있다는 점을 앞에서 설명하였는데, 이 점은 사이버네틱스(cybernetics)를 통해 좀 더 구체적으로 살펴볼 필요가 있다. 사이버네틱스란 제2차 세계 대전 당시 매사추세츠공과대학교(MIT)의 Wiener에 의해 개발되고 명명된 것으로서, 자율통제기능이 있는 체제의 피드백 기제에 관한 이론이다(Nichols, 2014). 애초에 자동화 무기의 성능 향상을 위해 개발되었던 사이버네틱스는, 피드백에 의한 통제와 소통이라는 가족관계역동을 설명하는 중요한 틀로 자리 잡게 되었다. 즉, 가족 체제도 다른 자율적 체제와 마찬가지로 피드백에 의해 기능에 관한 정보를 주고받으며 체제를 유지한다.

피드백망(feedback loop)은 사이버네틱스의 핵심 개념으로서, 체제가 일관성 있게 기능을 유지하기 위해 필요한 정보를 활용하는 과정을 뜻한다. 이때 피드백이란 외부 환경과 관련한 체제의 기능에 관한 정보뿐만 아니라 체제 내 부분들 간의 관계에 관한 정보를 모두 포함한다. 예컨대, 자녀가 윗학년으로 진급하고 새로운 교사와 친구들을 만나게 되는 환경적 변화가 있을 때 가족은 그러한 환경적 변화와 관련하여 교사 및 또래집단의 특성과 영향력, 부모의 자녀에 대한 영향력, 자녀의 태도 및 학업수행, 부부 관계 및 역할, 가족의 응집력 등 다양한 내외부의 정보(즉, 피드백)를 활용하여 가족기능을 유지하고자 한다.

피드백망은 긍정피드백(positive feedback)과 부정피드백(negative feedback)으로 구분된다. 이때 긍정 및 부정이란 것은 가족의 기능에 도움이 되거나 되지 않거나를 의미하는 것이 전혀 아니며, 체제가 가고 있던 방향으로 계속 가게 하는지 아닌지에 따라 결정된다. 즉, 긍정피드백이란 체제가 가던 쪽으로 계속 가도록 인정·강화(긍정)하는 정보피드백을 의미하며, 부정피드백은 체제에게 "그쪽으로 가는 건 제대로 된 코스를 벗어나는 거니까 그쪽으로 가면 안 돼(부정), 방향을 수정해야 해."라는 정보피드백을 보냄으로써 일관된 상태를 유지할 수 있도록 하는 것이다.

긍정피드백과 부정피드백 모두 가족의 기능에 좋은 영향을 줄 수도 있고 나쁜 영향을 줄 수도 있다. 체제에 일어난 바람직한 변화가 더 강화되도록 하는 긍정피드백을 통해서 체제가 발전할 수도 있고, 바람직하지 못한 변화를 막고자 하는 시도가 오히려 그 변화를 더욱 부추겨서(긍정피드백) 나쁜 방향의 변화가 더욱 심화되는 결과가 생길 수도 있다. 가족구성원 일부의 바람직한 변화 시도에 다른 가족이 반갑지 않은 반응을 보여서 원래 모습으로 되돌아가게(부정피드백) 할 수도 있지만,[2] 부정피드백은 오류를 수정하고 자율통제기능을 회복하게 하여 체제를 안정시키는 중요한 역할도 할 수 있다.[3]

---

2) 앞에서 제시한 I-message 사용을 시도했다가 딸의 반응에 실망하여 원래의 대화방식으로 돌아간 어머니의 예를 생각해 보라.
3) 신체기능을 예로 들어 보자. 몇 시간 동안 물을 마시지 않으면 '목이 마르다'는 신호를

체제는 존속하기 위해서 일관성을 유지할 필요가 있다. 그러나 체제가 기존 상태를 계속 유지하는 것이 반드시 좋은 것만은 아니다. 특히 가족체제처럼 살아 있고 열린 체제에서 구성원 중 적어도 하나(대부분의 경우 자녀)가 성장해 갈 때, 그 성장이라는 변화를 수용하지 못하고 기존의 가족관계로 머물게 하려는 시도는 문제를 초래할 수 있다. 환경에 성공적으로 적응하기 위해서 모든 체제는 긍정피드백과 부정피드백이 적절한 균형을 이룰 필요가 있으며, 이는 가족체제도 예외가 아니다.

 사례에 적용해 보기

자녀가 윗학년으로 진급한 가족체제의 예에서 긍정피드백과 부정피드백을 살펴보도록 하자. 6학년이 된 딸이 스마트폰을 들여다보는 시간이 자꾸 늘어나며 식사시간에도 계속 스마트폰을 붙들고 있다. 그런 모습에 대해서 어머니의 걱정과 잔소리가 늘어나고, 딸은 어머니의 잔소리를 피하기 위해서 가족과 함께 있는 시간을 줄이고, 혼자 있는 시간이 늘어나니 딸의 스마트폰 사용시간은 더 늘어난다. 그 결과, 어머니의 걱정과 잔소리도 더 늘어난다. 이는 단순한 형태의 긍정피드백을 보여 준다.[4]

보내어서 물을 마시게 함으로써 탈수로 인한 신체기능 손상을 막아 준다. 이때 '목이 마르다'는 신호는 '물을 계속 마시지 않고 있던 과정'에 대해 뇌가 부정피드백("계속 물을 마시지 않는 과정을 유지하면 안 돼.")을 보내서 몸이 일정 수준의 수분섭취 상태를 유지하도록 하여 신체기능이 정상화될 수 있게 하는 것이다.

4) 이 피드백망에서 순환적 인과관계를 볼 수 있기 바란다. 딸의 과다한 스마트폰 사용은 어머니의 걱정과 잔소리 증가의 원인이자 결과가 된다.

물론 [그림 3-1]에서 예시한 것처럼, 가족체제의 피드백망은 이보다 훨씬 더 복잡할 가능성이 높다. 딸의 스마트폰 사용시간이 증가하고, 어머니는 딸에 대한 걱정과 잔소리가 많아지며 남편에 대한 불만도 커진다. 남편도 아내의 불만과 아내-딸의 갈등 때문에 더 피곤하게 느껴서 귀가시간이 늦어지고 부부관계가 소원해진다. 그러면 아내는 혼자서 딸의 훈육과 양육을 책임져야 한다는 부담 및 남편에 대한 서운함과 분노를 느끼고, 딸에 대한 잔소리가 더욱 심해지는 방향으로 갈 수 있다.

그런데 어느 날 어머니가 곰곰 생각해 보니 자기가 딸에게 걱정과 잔소리를 계속 해 왔음에도 불구하고 딸의 스마트폰 사용시간이 감소하기는커녕 오히려 더 증가하였다는 것, 또 남편과의 관계도 더 소원해졌다는 것을 깨닫게 된다. 그래서 남편에게 불만을 토로하는 대신, 그동안 남편에게 서운함과 분노를 표현했던 것을 사과하고 딸의 지도를 위해 남편과 함께 지혜를 모아서 노력하고 싶다고 제안한다. 그런 아내의 제안에 대해 남편은 처음에는 의심스럽다고 느끼지만, 아내가 그동안 혼자 힘들었을 것이라 위로하며 앞으로 같이 의논하고 함께 노력을 기울이기로 동의한다. 부부가 함께 의논한 결과, 그동안 딸에게 잔소리를 하고 야단을 치는 것이 별로 효과적이지 않다고 판단하여 다른 방법을 찾아보기로 한다. 딸이 좋아할 만한 영화를 함께 보자고 제안하거나, 딸의 친구관계에서 스마트폰이 어떤 중요성이 있는지를 깊이 있게 대화해 보거나, 부모에 대한 딸의 감정과 바람들을 경청해 보는 등 지금까지와 다른 방식으로 노력을 시도한다. 그러한 노력의 결과 딸의 스마트폰 사용시간이 어머니 기대에 미치지는 못하더라도 어느 정도 감소하게 된다면, 부정피드백망이 작동한 것이다([그림 3-2] 참조).

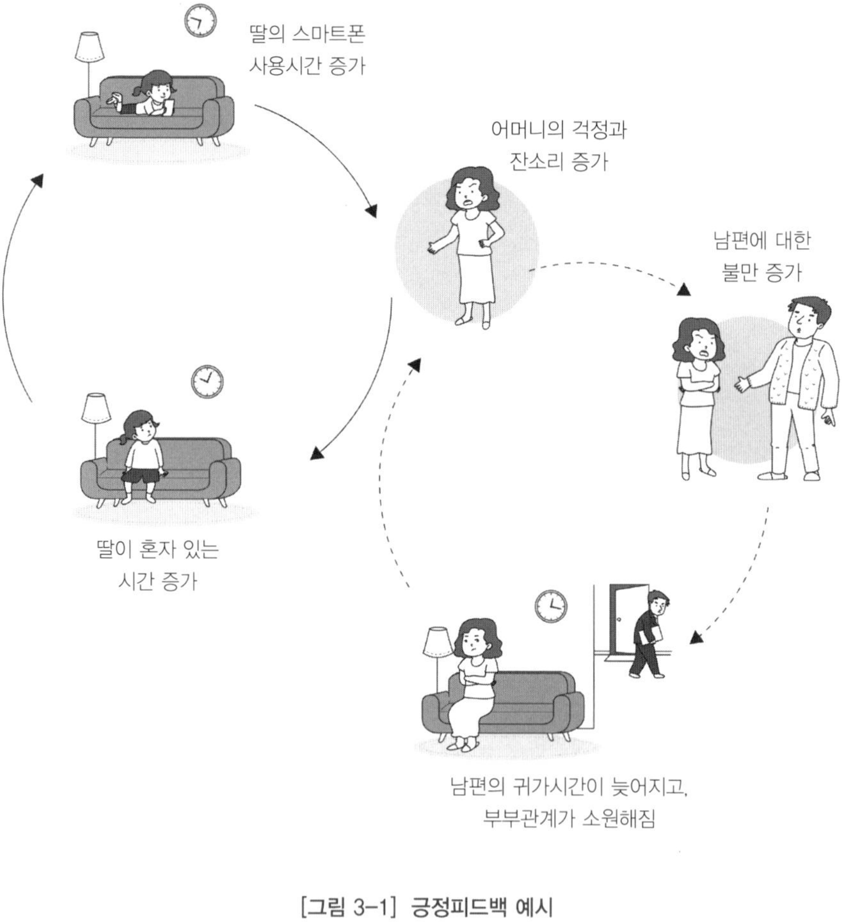

**딸의 스마트폰
사용시간 증가**

**어머니의 걱정과
잔소리 증가**

**남편에 대한
불만 증가**

**딸이 혼자 있는
시간 증가**

**남편의 귀가시간이 늦어지고,
부부관계가 소원해짐**

[그림 3-1] 긍정피드백 예시

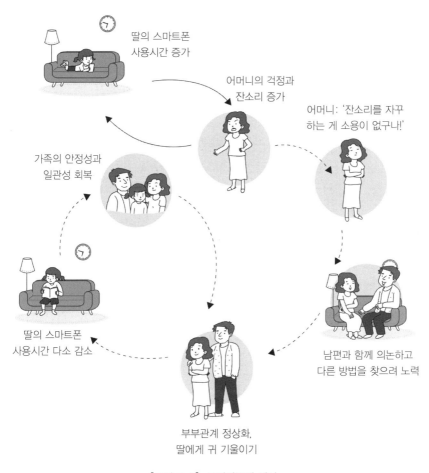

딸의 스마트폰
사용시간 증가

어머니의 걱정과
잔소리 증가

어머니: '잔소리를 자꾸
하는 게 소용이 없구나!'

가족의 안정성과
일관성 회복

딸의 스마트폰
사용시간 다소 감소

남편과 함께 의논하고
다른 방법을 찾으려 노력

부부관계 정상화,
딸에게 귀 기울이기

[그림 3-2] 부정피드백 예시

1차 수준 변화와 2차 수준 변화

피드백망에 관한 사이버네틱스이론에 가장 많은 영향을 받은 가족상담접근은 MRI(Mental Research Institute)와 대화이론인데, MRI는 긍정피드백망(positive-feedback loop) 개념을 근간으로 가족상담이론을 발전시켰다. 앞서 언급한 것처럼 문제를 해결하기 위해 가족이 시도한 방법이 오히려 문제를 악화시키는 악순환, 즉 긍정피드백망을 문제의 핵심으로 본 것이다(Watzlawick, Weakland, & Fisch, 1974).

가족구성원들이 상호작용을 되풀이함에 따라 가족관계는 일정한 패턴을 가지게 된다. 이러한 상호작용 패턴의 일관성을 가족규칙(family rules)이라고 부른다. 가족규칙은 가족구성원의 구체적 행동 수준과 방식이 가족체제 유지에 적절한지를 가늠할 수 있게 함으로써 가족체제의 항상성에 기여한다. 가족규칙은 가족들 사이에 언어적으로 명확히 전달 · 합의되거나 지시되는 것이 아니라 반복된 상호작용을 통해 형성된 패턴으로서 가족들이 인식하지 못하는 경우가 많다.

어려움이 있을 때 가족은 대체로 기존에 해 왔던 상호작용 패턴(가족규칙)을 그대로 반복하여 어려움을 해결하려고 시도하는데, 그러한 시도가 때로는 어려움을 해결하기보다는 오히려 더욱 가중시키는 결과로 나타난다. 그러면 가중된 어려움을 해결하기 위해 더욱 강하게 동일한 시도를 하게 되며, 그 결과 어려움은 더욱 가중되는 악순환에 빠지고 '문제'가 되는 것이다.

예

자녀가 어릴 때 부모의 말을 잘 듣지 않으면 많은 부모가 자녀를 혼내는 방식으로 자녀를 지도한다. 보통 때보다 무섭고 엄격한 표정과 말투로 "그러면 못 써." "저기 구석에 가서 벽 보고 서 있어." 등의 말로 혼냄으로써 자녀가 (적어도 일시적으로는) 말을 듣게 되는 상호작용 패턴(가족규칙)이 이루어진다. 그러다가 자녀가 성장하면서 부모의 말을 안 듣는 정도가 더 심해지고 더 다양해지면, 부모의 혼내는 방식도 좀 더 다양해지고 엄해진다. 그래도 자녀가 부모의 말을 잘 안 듣게 되면 큰 소리를 지르거나 체벌을 하게 되기도 한다. 즉, 자녀는 점점 더 반항이 심해지고 부모는 자녀를 더욱 심하게 혼내는 반응을 보이는 식으로 악순환되는 긍정피드백망이 형성된 것이다.

이럴 때 흔히 가족은 어느 구성원의 행동이 문제라고 생각한다. 부모는 자녀의 반항행동이 문제라고 생각하는 반면 자녀는 부모의 처벌 위주의 지도방식과 몰이해가 문제라고 생각하고, 그 문제되는 행동이 고쳐져야 한다고 볼 것이다.

그러나 MRI는 상호작용 패턴(가족규칙) 자체가 달라져야 한다고 주장한다. 가족체제의 규칙은 변화하지 않고 그 규칙 내의 행동만 변화하는 것은 1차 수준의 변화(first-order change)이며 가족체제의 규칙 자체가 변화하는 것은 2차 수준의 변화(second-order change)인데, 2차 수준의 변화가 가족체제에서 일어나야 문제가 해결된다고 보는 것이다.

예

앞의 예에서 볼 때 자녀는 점점 더 반항이 심해지고 부모의 처벌행동도 심해지는 것은 반항-처벌-반항-처벌로 계속 이어질 뿐, 가족규칙(반항-처벌) 자체가 변화하지 않은 채 동일 규칙 내의 행동만 심해진 1차 수준의 변화에 불과하다. '반항-처벌'로 이어지는 가족규칙 자체가 변화하는 2차 수준의 변화가 일어나야 문제가 해결되므로, 상담자는 2차 수준의 변화를 초래하는 전략을 세울 수 있어야 한다.

제4장

·

의사소통

가족 내의 의사소통이 잘못되면 피드백이 부정확하게 이루어져서 역기능이 발생한다. 의사소통이란 언어적·비언어적 행동 전체를 의미하는 것으로서, 우리는 항상 의사소통을 하고 있다. 의사소통에는 내용과 함께 관계에 대한 규정이 포함되어 있어서, 가족구성원들은 의사소통을 반복함에 따라 일관된 관계패턴을 갖게 된다.

이 장에서는 의사소통의 공리, 의사소통과 가족규칙의 관계, 역기능적 대화의 형태 및 대화를 통한 역할 맡기에 대해 설명한다.

대화이론도 사이버네틱스이론에 많은 영향을 받아서 가족상담의 초기 발달에 많이 기여하였다. 대화이론은 가족 내의 의사소통이 잘못되면 피드백이 부정확하게 이루어져서 역기능이 발생한다고 보고, 의사소통 패턴에 초점을 맞추어 피드백망을 파악하고 변화를 돕고자 하였다. 여기서 의사소통(대화, communication)이란 언어로 주고받는 의사소통보다 훨씬 더 광범위한 것으로서, 언어적·비언어적 행동 전체를 포함한다(Watzlawick, Beavin, & Jackson, 1967).

의사소통의 공리

대화이론은 의사소통에 관하여 다음과 같은 공리를 제시한다.

1) 모든 행동은 의사소통이며, 따라서 우리는 항상 의사소통을 하고 있다

누군가를 쳐다보는 것도 쳐다보지 않는 것도 행동이고 의사소통이며, 말을 하는 것도 하지 않는 것도 다 의사소통이다. 말의 내용과 표정도 의사소통이며, 말을 언제 하는지도 의사소통이다. 상대방이 말을 할 때 어떤 태도로 듣는지, 혹은 듣지 않는지, 그 말에 어떤 반응을 보이는지, 심지어 반응하지 않는지 등 모두가 의사소통이다.

　　한 학생의 어머니가 담임 교사를 찾아왔다. 그래서 교사가 학생을 불러서 어머니와 한 자리에서 상담을 시작하였다. 교사와 학생 앞에서 어머니가 최근 학생이 공부도 하지 않고 집에도 늦게 귀가하여서 걱정이라고 말한다. 그러자 평소에 교사와 대화도 잘하고 친구들과도 말을 잘하던 학생이 불만스러운 표정으로 입을 꾹 닫고 아무 말도 하지 않는다. 이 학생은 의사소통을 하지 않는 것이 아니라 분명히 의사소통을 하고 있다. 불만스러운 표정과 꾹 다문 입, 아무 말도 하지 않는 것으로 '어머니가 학교에 와서 선생님 앞에서 그런 말을 하는 것이 매우 화난다.'라는 것을 의사소통하고 있는 것이다.

2) 의사소통되는 메시지에는 '내용'메시지와 '관계'메시지가 함께 포함되어 있다

　　'내용'이란 메시지를 통해서 전달하려는 정보인데, 모든 메시지는 그 내용정보에 더해서 의사소통에 관련된 인물(메시지를 보내는 사람과 메시지를 받는 사람) 간의 관계에 관한 정보도 함께 전달한다. 관계메시지는 맥락이나 비언어적 내용정보에 따라 달라질 수 있어서 때로 불분명하다.

예

• "선생님, 애들이 절 놀려요."라고 학생이 교사에게 말을 한다면, 그 학생은 '애들이 나를 놀린다.'라는 내용정보를 교사에게 전달하였을 뿐 아니라 '애들이 나를 놀리지 못하게 해 주세요.' '도움을 청할 만한 대상으로 교사를 본다.' 등의 관계정보도 함께 전달한 것이다. 그러나 "선생님, 애들이 절 놀려요."라고

학생이 울먹이면서 말할 때와 재미있어하는 표정으로 웃으며 말할 때는 다른 관계메시지를 포함한다고 볼 수 있다.

- 전철 속에서 낯선 사람에게 "어제 재미있는 얘기를 들었는데, 해 드릴까요?"라고 하면 이상한 사람 취급을 받을 것이다. 잠시 대중교통 속에서 만난 낯선 사람과는 농담을 주고받는 관계가 아니기 때문이다. 그러나 같은 학교에 근무하는 동료교사에게 동일한 말(내용메시지)을 한다면 자연스러울 것이다. 동료교사와는 농담을 주고받을 수 있는 관계이므로 내용메시지와 관계메시지가 자연스럽게 어울리기 때문이다.

의사소통과 가족규칙

사람들이 상호작용을 되풀이함에 따라 주고받는 관계메시지는 상호 간에 용납될 만한 관계규정들로 이루어지는 일종의 '합의체'로, 안정화되며 일정한 패턴을 가지게 된다. 친구관계를 예로 들자면, A가 B 및 C와 상호작용을 해 나감에 따라 A와 B는 서로 매우 사적인 이야기까지 나누는 관계패턴을 가지게 되고, A와 C는 가깝긴 하지만 매우 사적인 이야기는 나누지 않는 관계패턴을 가지게 된다. 이러한 관계패턴은 상호작용의 반복성에 의해 관찰될 수 있는데, 가족규칙은 가족구성원 간의 의사소통에서 형성된 관계패턴이라 할 수 있다.

예

> 어머니, 아버지, 아들, 딸로 구성된 가족이 저녁 식사를 하려고 식탁에 모여 앉았다. 삼겹살을 한 점 집어든 아버지가 "쌈장이 없네."라고 말한다. 그러자 어머니가 "아이고, 그렇네요."라고 말하며 일어나서 냉장고에서 쌈장을 꺼내온다. 아버지, 아들, 딸은 모두 식탁에 그대로 앉아서 어머니가 쌈장을 가져올 때까지 기다리고, 어머니가 쌈장을 식탁 위에 놓자 식사를 이어 간다.
>
> 자, 여기서 내용메시지와 관계메시지를 살펴보자. 아버지가 '쌈장이 없네.'라고 내용메시지를 전달할 때 함께 전달한 관계메시지는 '식사 준비는 아내(어머니)가 하는 것이고 다른 가족은 그냥 먹기만 하는 관계이다.' '식탁에 필요한 것이 없을 때 남편인 나는 아내더러 가지고 오라고 지시(부탁)할 수 있고, 아내는 거기에 응해야 하는 관계이다.' 등일 것이다. 어머니가 일어나서 쌈장을 가져오는 반응을 보인 것, 자녀들이 가만히 자리에 앉아 있는 반응을 보인 것은 남편의 관계메시지(말로 표현되지는 않았지만)에 모두 합의한다는 것을 의사소통한 것이다. 또한 가족 모두가 이 의사소통 과정을 자연스럽게 여긴다는 것은, 그동안 가족구성원들 간의 상호작용이 반복되면서 이러한 관계패턴이 안정화되었다는 것, 즉 가족규칙이 존재함을 의미한다.
>
> 만약 아버지가 "쌈장이 없네."라고 말을 하자 어머니와 자녀들이 다 "아빠 말씀이 맞네요. 쌈장이 없네요."라고 모두 동의하고선 아무도 일어나서 쌈장을 가져오지 않는다면 어떻게 될까? 아마 매우 어색한 광경이 될 것이다. 아버지의 내용메시지에는 가족이 모두 동의하였지만 아버지의 관계메시지에 다른 가족들이 동의하지 않는 것은, 안정화된 관계패턴과 다른 반응이기 때문에 어색한 상황이 되는 것이다.

가족규칙은 구성원의 의사소통, 즉 상호작용이 가족체제 유지에 적절한지를 가늠할 수 있게 한다. 가족구성원 중 일부가 이러한 가족규칙을 어길 때는 가족체제의 일관성을 유지하기 위해서 부정피

드백(예: 죄책감을 유발하는 말이나 처벌, 증상 발현 등)이 사용됨으로
써 가족체제의 항상성에 기여한다.

예

'가족 간에는 서로 좋은 말만 해야 하며 마음을 상하게 하는 말을 해서는 안
된다.'라는 가족규칙이 있는 가족에서 딸이 어머니 마음을 서운하게 만드는 말을
했을 때, "너 어쩌면 그렇게 말할 수가 있니?"라며 어머니가 눈물을 보임으로써
죄책감을 유발하거나, 아버지가 딸을 야단친다.

그런데 가족에게 익숙한 부정피드백이 더 이상 효과적으로 작동
하지 않게 되면서 긍정피드백망이 발현될 수 있다.

예

예전에는 어머니가 눈물을 보이면 딸이 미안하다고 어머니에게 사과하였는
데, 이제는 "왜 말도 못하게 해요?"라며 도리어 더 화를 내고 소리를 지르면서 대
든다. 그러자 어머니는 눈물을 보이다가 어지럽다며 드러눕는다. 그러자 딸이 "이
래서 집에서 못 살겠어."라며 부모와의 대화를 단절한다.

때로는 문제를 해결하고 가족의 일관성을 유지하기 위해 시도
한 방법이 오히려 문제를 더욱 악화시키는 악순환이 일어나는 경
우도 긍정피드백이지만, 그렇다고 해서 긍정피드백이 항상 나쁜
것이라고 보기는 어렵다. 기존의 가족규칙을 재검토하여 수정할
필요를 느끼게 해 줄 수 있기 때문이다. 가족구성원들이 피드백망
자체(가족구성원들 간의 의사소통 패턴)를 함께 살펴볼 수 있다면 가

족체제가 새로운 의사소통 패턴(가족규칙)을 형성하는 쪽으로 발전할 수 있다.

역기능적 의사소통

가족의 의사소통 패턴에 대해서 가족이 함께 생각하고 대화하는 과정을 대화이론은 '대화에 대한 대화'란 뜻으로 '메타대화(metacommunication)'라고 부른다. 메타대화는 가족관계를 변화시킬 수 있는 중요한 과정이다. 잘못된 의사소통은 가족의 역기능을 초래하게 되므로, 가족이 의사소통의 원리들을 이해하고 자신들의 의사소통 패턴에서 잘못된 점들을 파악하여 수정할 수 있도록, 즉 메타대화를 할 수 있도록 상담자가 돕는 것이 중요하다.

1) 역기능적 대화의 형태

대화를 구성하기 위해서는 두 사람, 즉 메시지를 보내는 사람(대화의 원천)과 메시지를 받는 상대방이 있어야 하고, 메시지를 받은 쪽이 다시 반응을 하면서 대화가 연속하여 이루어진다. 여기서 메시지를 보내는 사람이 자신이나 상대방을 부정하는 식으로 대화를 하거나, 받은 메시지를 부정하는 반응을 보이거나, 맥락을 부정하는 의사소통을 하는 경우 그 의사소통은 불분명하거나 부적절하게 되어 가족관계에 역기능을 초래할 수 있다.

- 메시지를 보내는 사람이 자신이 대화의 원천임을 부정하는 경우

  예) "이건 내 말이 아니라 성경말씀이 그렇다는 거야."

      "내가 그렇게 생각한다기보다 우리 또래들은 다 나처럼 생각하지."

- 메시지를 받는 상대방을 부정하는 경우

  예) "지금 내가 하는 말은 꼭 너를 지칭해서 하는 말은 아니야."

      "네가 그렇다는 게 아니라 학생들이 대체로 그렇다는 말이지."

- 대화의 내용을 부정하는 경우

  예) "요즘 너무 힘들어요."라는 자녀의 말에 "힘내. 열심히 해야지."라고 하며

      자녀가 보낸 메시지를 부정하는 것

- 대화의 맥락을 부정하는 경우

  예) 부부관계는 타인이 없이 둘만 있을 때 더욱 친밀한 것이 적절한 관계적 맥락

      인데, 사이가 나쁜 부부가 다른 사람들 앞에서만 다정한 부부인 척하는 것

2) 구두점의 원리

가족체제 내의 상호작용은 장기간에 걸쳐서 이루어지는 만큼 의사소통도 연속선상에서 이루어진다. 어머니가 한 의사소통(말과 행동)에 대해 아이가 반응하고, 거기에 또 어머니가 반응하고, 또 거기에 다시 아이가 반응하는 식으로 연속적으로 이루어진다. 앞 장에서 설명했던 순환적 인과관계의 개념을 기억하는 독자들은 이 의사소통 과정에서도 어머니와 아이의 의사소통은 서로 원인이면서 또한 결과도 되는 순환적 고리를 이루고 있다는 것을 볼 수 있을 것이다. 그러나 보통 가족구성원들은 의사소통의 순환적 고리에서 각자 다른 구두점을 찍어서 본다는 것이 구두점의 원리이다. 즉, 각

자 자신의 말과 행동은 상대방의 말과 행동에 대한 결과적 반응이라고 보는 것이다.

예

아이가 제 할 일을 스스로 알아서 하지 못하고 게임만 많이 한다고 어머니가 잔소리를 하며 아이가 그날 공부한 시간과 게임한 시간을 점검한다.(M)
⇒ 아이는 어머니가 간섭하니까 공부가 더 안 된다며 짜증을 내고, 어머니 몰래 게임할 궁리를 한다.(C)
⇒ 어머니는 아이를 더 못 믿고 공부시간과 게임시간을 더 철저히 점검하고 간섭한다.(M)
⇒ 아이는 더욱 짜증을 내고 게임을 더 할 수 있는 방안을 찾으려 한다.(C)

이런 식으로 이어지는 의사소통에서 어머니는 아이가 제 할 일을 스스로 하지 못하고 게임을 많이 하는 것이 원인이고 어머니의 간섭과 잔소리는 그에 대한 결과라고 구두점을 찍는 반면(C원인 ⇒ M결과), 아이는 어머니의 간섭과 잔소리가 원인이고 자신이 게임에 몰입하는 것은 그에 대한 결과라고 구두점을 달리 찍는다(M원인 ⇒ C결과).

의사소통을 연속적으로 주고받는 가족구성원들이 각자 자신의 말과 행동의 원인을 상대방에게서 찾는 식으로 구두점을 다르게 찍는 것은, 자신의 말과 행동의 책임을 상대방에게 돌리는 것이다. 가족구성원들은 한 가족체제 내에 속하여 밀접하게 영향을 주고받으며 삶에서 공유하는 부분이 많아서, 서로 완전히 독립적이지는 못하다. 그러나 자신의 말과 행동의 책임을 상대방에게 돌리는 경향이 강한 가족체제는, 상호 비난과 지나친 의존성이 공존하는 병리적 체제가 될 수 있다. 건강한 가족체제의 구성원들은 상대방의 시각에서 원인과 결과를 볼 줄 안다. 즉, 의사소통의 구두점을 다르게 찍을 수 있어서, 자신의 말과 행동이 상대방에게 미치는 영향을 스스로 점검하고 그에 따라 자신의 말과 행동을 스스로 변화시킴으로써 관계를 변화·발전시킬 수 있는 역량이 있다.

3) 상반된 의사소통과 이중속박

분명한 의사소통이 건강한 가족관계를 위해 중요하지만, 가족 내 의사소통은 때로 불분명한 정도를 넘어서 상반되는 메시지를 동시에 전달하는 경우도 있다. 의사소통 내용의 속성상 자발적인 반응이 이루어져야 하는데, 그러한 반응을 언어적으로 요구하는 경우를 생각해 보자.

예

- "사랑해."라고 말하거나 그에 해당하는 비언어적 표현을 하는 것은 본질적으로 자발적으로 이루어져야 '사랑한다.'라는 메시지를 제대로 전달할 수 있는 것인데, "사랑한다고 말해 주세요."라고 요구하고 그에 대한 반응으로 "사랑해."라고 말한다면 이미 자발적인 표현이라고 보기 어렵다.
- "네가 알아서 해라."라는 말은 '네가 알아서 하도록 내가 허락(지시)한다.'라는 의미이므로, 이미 상대방이 스스로 알아서 하는 것을 상당 부분 제한하는 의사소통이다.

이러한 경우들은 가족들의 일상생활에서 그리 드물지 않은 상반된 의사소통의 예라고 볼 수 있는데, 상반된 의사소통이 자주 일어나지 않는다면 그리 문제되지 않는 것이 보통이다. 그러나 상반된 의사소통이 이중속박(double bind)의 형태로 일어나게 되면 가족관계와 구성원의 적응에 역기능을 초래할 수 있다(Nichols, 2014).

이중속박이란 의사소통 내에 두 개의 속박이 같이 들어 있다는 의미이다. 그중 첫 번째 속박은 상반된 언어적 메시지와 비언어적 메시지가 동시에 전달됨으로써, 상대방이 언어적 메시지에 따르면 비언어적 메시지를 거스르게 되고 반대로 비언어적 메시지에 따라 반응하면 언어적 메시지를 거스르게 되는 결과를 낳을 수밖에 없다는 의미에서 속박이 된다.

예

어머니가 조현병으로 정신병원에 입원해 있는 아들을 찾아왔다. 입원 후 상태가 호전된 아들이 어머니를 반가워하며 어머니에게 다가가 껴안으려 하자 어머니가 멈칫하며 뒤로 물러나는 반응을 보였다. 그러자 아들이 껴안으려 다가가던 것을 멈추고 어정쩡한 표정으로 잠시 서 있다. 그걸 본 어머니가 "왜, 엄마 오랜만에 보는데 반갑지 않니?"라고 말한다.

이 예에서 어머니는 언어적으로는 아들에게 반가움을 표시하도록 요구하면서 비언어적으로는 그에 상반되는 '껴안지 말라.'는 메시지를 보냄으로써, 아들이 껴안을 수도 없고 껴안지 않을 수도 없는 어쩔 줄 모르는 상황에 빠지도록 한 것이다.

두 번째 속박은 상반된 메시지를 전달받는 상대방이 메시지의 상반성에 대해서 언급할 수 없는, 즉 이러지도 저러지도 못하는 관계에서 빠져 나오지 못하는 속박을 말한다.

예

- 앞의 예에서 아들이 "아니, 어머니, 제가 어머니 반가워서 껴안으려고 하니까 어머니가 뒤로 물러나셨잖아요. 그래서 못 껴안은 건데, 무슨 말씀을 그렇게 하세요?"라고 어머니의 언어적 메시지와 비언어적 메시지가 상반되었다는 것을 언급할 수 있다면 두 번째 속박이 존재하지 않는다. 그러나 아들은 그런 점을 언급하지 못하고 어쩔 줄 몰라 하며 서 있기만 하였기 때문에 두 번째 속박하에 있는 것이다.[1]
- 부모가 자녀에게 "우리는 괜찮다. 너희 편한 대로 해라."라고 말할 때, 자녀는 이전 경험들을 통해서 부모의 언어적 메시지가 진심인지 아닌지를 판단하게 된다. 만약 부모의 언어적 메시지가 진심이 아니고 사실상은 "너희가 알아서 우리 원하는 대로 해 주기를 바란다." "우리가 원하는 대로 해 주지 않으면 괜찮지 않다."일 것이라고 판단된다면 첫 번째 속박(언어적 메시지와 비언어적 메시지의 상반성)이 존재한다. 그러나 자녀와 부모의 관계가 "아니, 말씀은 그렇게 하셔도 정말 저희 편한 대로 하면 언짢아하실 거잖아요. 그냥 원하시는 걸 말씀해 주세요."라고 메시지의 상반성을 언급할 수 있다면 두 번째 속박에 묶이지 않기 때문에 이중속박이 아니다. 반면에 메시지의 상반성을 언급할 수 없는 관계라면 두 번째 속박에 묶이기 때문에 이중속박이 된다.

---

1) 20세기 중반에 일부 상담자들이 이러한 예를 제시하면서 이중속박적 의사소통이 조현병의 원인이라고 주장하기도 했는데, 그 주장은 일시적인 것에 불과하였고 오히려 조현병이 있는 가족구성원과 상호작용하는 데 있어서 다른 가족들이 어려움과 혼란을 겪기 때문에 나타나는 현상이라고 이해하게 되었다.

이중속박적인 의사소통은 상반된 메시지에 대해 언급을 할 수 없는 두 번째 속박이 포함되기 때문에 의사소통방식을 드러내고 다루지 못하게 되어, 관계에 부정적 영향을 미치게 된다. 힘이 강한 직장의 상사나 부모가 이중속박적인 메시지를 자주 보낸다면, 힘이 약한 부하직원이나 자녀가 어떻게 반응해야 할지 모르고 당황스러워하거나 관계에 대한 불만족이 커지기 쉽다. 그 결과 힘이 약한 쪽은 관계를 점점 단절하는 쪽으로 가려 하거나 신체화 증상 등의 문제를 나타내기 쉽다. 한국 전통사회의 고부관계에서 며느리가 겉으로는 시부모에게 순종적이지만 마음속으로는 관계를 단절하거나 화병에 걸린 경우가 많았던 현상이 그 예라고 할 수 있다.

대화를 통한 역할 맡기

가족의 역기능적 의사소통 패턴을 파악하여 변화시킬 수 있도록 돕는 데 큰 기여를 한 상담자를 들자면 Satir를 빼놓을 수 없다. MRI의 공동창업자이기도 했던 Satir는 가족규칙의 파악과 더불어 가족이 분명한 의사소통을 할 수 있도록 가르치는 것이 중요하다고 보았다.

실존주의적 입장도 강하였던 Satir(1972)는, 자존감이 충만한 사람은 내면에서 경험하는 바를 진실되게 자발적으로 나타낼 수 있으므로 언어적·비언어적 의사소통이 일치되고 다양한 감정반응이 가능하며 원만함과 생동감이 있다고 보았다. 이러한 의사소통

을 하는 사람을 균형자(leveler)라고 하였으며, 가장 이상적으로 보
았다. 가족 내 상호작용이 이루어지는 과정에서 구성원들은 사
랑·행복·슬픔·화·실망·미안함 등 다양한 감정을 느끼게 되
는데, 자존감이 높은 가족구성원들은 이러한 감정을 경험할 때 진
실되고 자발적인 균형자의 의사소통을 할 수 있어서 건강한 가족
관계가 가능하다는 것이다.

반면에 자존감이 낮은 사람은 가족 내에서 의사소통방식과 역할
이 제한적이어서 가족관계에 역기능적이다. 그 대표적인 역할 맡
기는 다음과 같이 나타난다.

1) 위로자(아첨꾼)

다른 가족구성원이 화내지 않도록 하기 위해 무슨 일이건 상관
없이 기분을 맞추려고 애쓰고, 사과하고, 결코 반대하지 않으며, 언
제나 비위를 맞춘다. 내면적으로 '나는 쓸모없는 존재이다.' '그가
없으면 나는 죽은 사람이다.' '나는 가치가 없다.'라는 생각이 자리
잡고 있기 때문에, 상대방에게 항상 동의하고 회유하려고 노력한
다. 그러한 의사소통의 결과 다른 가족구성원으로부터 비난받거나
거절당하는 것을 모면할 수는 있어도, 가족 간에 진실한 대화는 이
루어지지 못한다.

2) 비난자

결점 발견자이고 독재자인 우두머리 역할이다. 내면적으로는 외롭고 스스로 실패자라고 느끼고 항상 긴장하고 있지만, 다른 가족구성원에게 "너만 아니었더라면 모든 일이 잘 되었을 것인데……." "너는 무슨 일이든 제대로 하는 것이 없다. 도대체 어떻게 된 일이냐?"라는 메시지를 전달하며 비난하고 반대하고 공격한다. 그 결과 상대방으로 하여금 분노를 느끼게 만들고, 서로 비난하여 싸움이 계속 되거나, 가족구성원들이 모두 불행감 · 우울감 · 무력감에 빠지게 된다.

3) 계산자

감정을 억제하고, 정확하며, 실수를 피하기 위해 엄청난 노력을 한다. 겉으로는 초이성적으로 말하고 정확한 말을 하지만, 실제로는 마음의 상처를 받기 쉽고 상처받는 것에 대한 두려움도 크기 때문에 항상 침착하고 조용하고 냉정하려고 애쓴다. 그 결과 가족 간에 감정교류가 잘 안되며, 부부관계나 부모-자녀관계에서 좌절감이 증대된다.

4) 혼란자

행동과 말이 상황 및 다른 가족구성원의 말이나 행동과 무관하게 이루어지기 때문에 다른 사람이 혼란을 느끼고 적절히 반응하기가 어렵다. 내면적으로 '아무도 나를 걱정해 주지 않는다.' '나를 받아 주는 곳은 없다.'라는 생각이 자리 잡고 있어서, 신체의 일부분을 계속 움직이거나 동문서답을 하는 경우가 많다. 마음이 딴 곳에 가 있는 것처럼 보이고, "너무 심각할 것 없어. 그냥 재미있게 살아. 무슨 상관이야."라는 식의 반응을 보인다. 그 결과 가족들이 서로 무관심해지고 관계가 멀어지게 된다.

예

실수로 다른 사람의 발을 밟았을 때의 반응을 예로 들어 보자.

• 균형자: 적절한 사과의 말을 진심을 담아 전한다. "아이고, 제가 실수로 발을 밟았네요. 아프실 텐데…… 정말 죄송합니다." 등의 말로 적절히 사과하고, 이때 표정과 말투에도 진심으로 미안한 마음이 담겨 있다.

- 위로자: 비굴할 정도로 자신을 깎아내리며 지나칠 정도로 사과한다. "아이고, 정말 죽을죄를 지었습니다. 제가 하는 일이 이래요. 정말 저는 제대로 하는 일이 하나도 없어요. 저는 용서받을 가치도 없는 인간입니다."라는 식의 말과 비굴한 표정으로 사과한다.

- 비난자: 자신이 사과하는 것이 적절한 순간인데도 사과 대신 비난과 공격의 반응을 보인다. "아니, 왜 발을 그렇게 내밀고 있습니까? 내가 넘어질 뻔 했잖아요?" "사람이 지나다 보면 발을 밟을 수도 있지, 그걸 뭐 그리 아프다고 엄살을 핍니까? 당신은 다른 사람 발 밟아본 적 없어요?"라는 식으로 공격한다.

- 계산자 : 미안한 감정을 전달하며 사과하는 것이 적절한 순간인데도 감정을 배제하고 계산적인 반응을 보인다. "아, 다치셨나요? 그러면 치료가 필요할 수 있겠네요. 물론 치료까지 필요하지 않을 수도 있겠지만요. 치료비가 얼마나 나오는지 알아보신 후에, 여기로 청구하시지요. 보험으로 처리되겠는지 알아보겠습니다."

- 혼란자: 자기가 발을 밟아 놓고도 딴청을 핀다. 주변을 둘러보며, "저런, 누가 화가 났네. 누가 밀었나 봐." "무슨 일이 있나? 그냥 재미있게 살면 되지." 등과 같이 상황과 무관한 듯이 반응한다.

제5장

경계와 위계

가족구성원 간의 상호작용이 반복됨에 따라 일관성 있고 예측 가능한 패턴이 형성되는데, 그 패턴의 조직적 형태가 가족구조이다. 일단 구조가 만들어지면 구조가 상호작용을 끌어가게 된다.

이 장에서는 가족체제를 구조적 관점에서 이해하는 데 중요한 경계와 위계의 개념을 살펴본다. 가족구성원 간의 경계 수준과 가족건강성의 관계, 하위체제 간 경계들의 관련성 및 상대적 위계를 설명한다.

가족구성원들은 서로 상호작용하면서 가족체제를 이루는데, 이러한 상호작용은 반복됨에 따라 일관된 패턴을 갖게 된다는 것을 앞 장에서도 언급하였다. 구조적 가족상담접근은 이러한 가족체제의 일관된 패턴을 '구조(structure)'로 파악한다(Minuchin, 1974). 다른 관계들처럼 가족구성원 간에도 처음에는 다양한 상호작용이 이루어질 수 있는데, 시간이 갈수록 그 상호작용은 일관성을 띠게 되고 예측 가능해지는 패턴을 형성한다. 가족구조란 그러한 상호작용 패턴이 이루어지는 조직적 형태를 말한다. 즉, 시간이 흐르면서 형성된 상호작용 패턴의 틀과 형태가 가족구조이다. 일단 구조가 만들어지면 이제 구조가 상호작용을 만들어 가고 방향 짓게 되어서 제한된 범위 내의 상호작용만 일어나게 된다.

경계

가족체제를 구조적 시각으로 이해하는 데 가장 중요한 개념은 하위체제들 사이의 경계이다. 제3장에서 가족이 하위체제로 구성됨을 설명하였는데, 경계(boundary)란 하위체제들 간의 접촉(분리) 정도를 조절 · 구분하는 보이지 않는 선을 의미한다.

결혼하여 부부를 이룬 남편과 아내는 한 가족체제로서 서로 많은 것을 공유하며 매우 친밀한 관계(즉, 희미한 경계)를 형성하는 한편, 남편의 원가족과 친구, 아내의 원가족과 친구, 이웃 등과는 좀 더 뚜렷한 경계를 형성하며 하나의 가족체제를 형성해 간다. [물론 이렇게 형성된 가족체제(부부) 내의 하위체제인 남편과 아내가 아무리 서로를 사랑하고 친밀하더라도, 남편과 아내는 각각 한 사람의 독립된 개인이므로 서로 간에 어느 정도의 경계를 가지고 있다.]

부부 사이에 자녀가 태어나고 성장하게 되면 부부는 부모로서 자녀를 돌보고 자녀와도 많은 것을 공유하게 되는 한편, 자녀와 구분되어 부부만 공유하는 삶의 영역들도 있다. 중요한 경제적 결정이나 성적 접촉은 부부만 공유하는 영역으로 구분하는데, 이것이 세대 간 경계의 대표적 예이다.

자녀들도 성장해 가면서 부모와 좀 더 뚜렷한 경계를 형성하며 독립성을 키워 나간다. 어렸을 때는 부모와 함께 자던 아이가 자라면서 자기 방을 따로 가지게 되고 방문을 꼭 닫게 되는 것, 유치원에서 있었던 일은 매일 시시콜콜 부모에게 이야기하던 아이가 초등학교 고학년이 되어서는 학교에서 일어난 일에 대해 부모에게 극히 일부만 이야기하는 것 등이 바로 경계가 점점 더 뚜렷해지는 현상을 보여 준다.

구조적 시각에서 볼 때, 가족구성원 간의 경계가 뚜렷한 정도 및 세대 간 경계와 부부간 경계의 차이 및 형태는 가족체제의 건강성을 결정하는 매우 중요한 척도가 된다.

1) 경계의 수준과 가족건강성

가족구성원들 간의 경계가 지나치게 희미하거나 혹은 지나치게 경직되면 가족기능에 문제가 생긴다(Thomlison, 2007).

- **융해된 가족**: 지나치게 경계가 희미한 경우는 융해되었다 (enmeshed)고 표현하는데, 가족구성원이 정서적 지지·정보공유·의사결정·자원공유 등 많은 측면에서 서로 많은 상호작용이 있고 밀착되어 있으나 적절한 독립성은 존중·유지하지 못하는 상태를 말한다. 다른 가족구성원의 행동이나 감정의 아주 작은 변화에도 민감하게 반응하며, 대화 도중에 상대방의 말에 끼어들거나 대신 말하는 경우도 잦다.
- **격리된 가족**: 경계가 지나치게 뚜렷하고 경직된 경우는 격리되었다(disengaged)고 부르는데, 가족구성원들의 독립성은 있으나 구성원들 간에 공유하는 부분과 상호작용 및 애정과 돌봄이 너무 부족한 정도로 뿔뿔이 흩어져 있는 상태를 말한다. 서로 관여하지 않고 먼 관계에 머물고 있어서, 다른 가족구성원의 행동이나 감정에 대해 인식하지 못하는 경우도 많다. 대화가 별로 없고 각자의 영역이 지나치게 뚜렷하며, 다른 가족구성원의 행동에 대한 반응도 긍정적이건 부정적이건 아주 드물게 일어난다.
- **건강한 가족**: 가족구성원들 간의 상호작용과 정서적 지지 및 공유가 충분히 이루어지면서 구성원 개개인의 독립성도 충분히 존중되는 적절한 경계 정도를 분명한 경계(clear boundary)라고 부르며 건강한 구조로 본다.

융해된 가족의 부모는 자녀에게 많은 사랑과 관심을 쏟지만, 자녀가 스스로 독립된 존재로 성장하도록 허용하는 데 어려움을 겪기 쉽다. 자녀가 아동기와 청소년기를 거치면서 스스로 자신에 관한 결정을 내리고 또래와 어울리며 연령에 적절한 자기만의 영역을 가지고 싶은 욕구를 느끼는 것은 자연스러운 발달과정인데, 융해된 가족의 부모는 이를 부모에 대한 거절로 여긴다. 자녀도 그런 욕구를 느끼는 데 대해 죄책감을 가져서 부모에게 자신의 생각과 바람을 편안하게 주장하지 못하거나, 부모의 사랑과 인정을 잃을까 봐 두려움과 불안을 느끼기도 한다.

반면에 격리된 가족에서는 각자 독립적으로 기능하는 것이 이미 가족규칙으로 익숙해져 있으므로, 자녀가 성장하면서 스스로 결정하고 독립성을 추구하려는 움직임이 가족체제에 별 위협이 되지는 않는다. 그러나 아동기와 청소년기의 자녀에게는 여전히 부모의 돌봄과 관여가 적정한 정도로 주어져야 하는데, 격리된 가족의 부모는 자녀에게 연령에 적절한 관심과 양육을 충분히 제공하지 못한다는 데서 문제가 발생한다. 아동기나 청소년기 자녀가 열악한 결정을 내리도록 방치하거나, 부모가 자녀에게 무관심한 상태에서 자녀가 학업부진, 일탈행동, 중독문제 등에 빠지게 될 수 있다.

어느 정도가 가장 적절한 경계인지를 규정하는 특정 수치가 있다고 보기는 어렵다. 문화에 따라, 또 가족구성원들의 성격적 특성에 따라, 상황에 따라 유동적일 수 있을 것이다. 다만 개념적으로 볼 때 분명한 경계는 지나치게 희미하지도 또 지나치게 경직되지도 않은 경계로서, 가족구성원들이 충분히 가까우면서 독립성도 적절히 유지될 수 있는 경계의 수준으로 보아야 할 것이다.

2) 세대 간 경계와 부부간 경계

　가족체제 내에는 여러 가지 경계가 있으므로, 가족의 경계를 살펴볼 때는 하위체제 내의 경계 및 하위체제 간 경계들의 관련성을 파악하는 것도 필요하다. 특히 세대 간 경계 및 부부간 경계를 비교하며 파악하는 것이 중요한데, 세대 간 경계(즉, 부모-자녀 간 경계)가 부부간 경계보다 좀 더 뚜렷한 경계를 가지는 것이 건강한 구조이다. 부부체제는 가족 내 하위체제 중에서 가장 상위에 있으면서 가족 전체의 공동리더이며, 남편과 아내는 자원·정보·의사결정 등 많은 것을 공유하므로 부부간 경계는 비교적 희미하다. 반면에 부부는 자녀와의 관계에서는 아버지와 어머니로서 부모체제를 이루게 되는데, 이 부모체제와 자녀체제 간에는 좀 더 뚜렷한 경계를 지니는 것이 가족건강성을 위해서나 자녀의 성장을 위해 좋다는 것이다.

- 세대 간 경계가 부부간 경계보다 뚜렷한 가족: 이런 구조에서는 부부간의 의사소통과 상호작용이 활발하고 정서적 지지가 잘 된다. 따라서 자녀는 부모에 대해 걱정하거나 관여해야 할 필요를 느끼지 않아도 되고, 스스로 한 사람의 독립된 개체로 건강하게 성장해 가는 과정에 전념할 수 있다. 또한 부모가 서로 협력할 수 있기 때문에 자녀에 대한 지도가 일관적이고 효율적으로 이루어질 수 있다.
- 부부간 경계가 세대 간 경계보다 뚜렷한 가족: 이런 경우에는 부

부간 의사소통 및 상호작용이 충분하지 못하고 단절되어 있어서, 부부 중 한쪽이 자녀와 지나치게 밀착되는 모습이 나타나거나 부부간 갈등에 자녀가 휘말리게 되는 모습이 나타난다. 아동기나 청소년기 자녀를 둔 가족에서 부부 중 한쪽이 자녀와 지나치게 밀착되고 부부간에는 단절되는 경계를 보이게 되면, 자녀지도를 위해 부부가 힘을 합치지 못하게 되어 문제가 된다. 특히 자녀에게 지나치게 허용적인 쪽의 부모와 자녀가 연합하여 자녀가 자기편의 부모는 의사결정 과정에 끌어들이고 엄격한 다른 쪽 부모가 세우려는 규칙은 피하거나 무효화시키는 방향으로 상호작용이 이루어지게 되면, 자녀는 건강한 성장 발달을 이루기 어렵게 되고 문제를 경험하게 된다.

부부간 경계와 세대 간 경계의 관련성에서 보는 것처럼, 가족체제 내의 경계는 서로 영향을 미친다.

예

어머니-자녀 간의 융해된 경계는 남편-아내 간의 격리된 경계(정서적 소원함)와 관련되어 있다. 남편과 아내 간의 관계가 소원하여 서로 정서적 지지가 적을수록 어머니는 자녀와 정서적으로 더 밀착되고 자녀에게 집착하게 되며, 어머니가 자녀에게 정서적으로 집착할수록 남편과 아내의 관계는 더욱 멀어진다. 즉, 어머니-자녀 간의 융해된 경계와 남편-아내 간의 격리된 경계는 순환적 인과관계로 얽혀 있다.

위계

경계와 함께 가족구조를 이해하는 데 유용한 또 하나의 개념
은 위계(hierarchy)이다. 위계란 하위체제가 가진 권위 및 영향력
(power)의 차이에서 나타나는 구조적 특성을 말한다.

앞에서 부부체제, 부모체제 및 자녀체제 간의 경계에 대해서 설
명하였는데, 구조적 가족상담접근에서 각각의 가족은 나름의 고유
한 특성을 가지고 있지만 공통의 구조적 목표가 있다고 보았다. 즉,
부부체제가 가장 상위에 있고, 부모체제는 그다음, 가장 하위에 자
녀체제가 있는 위계적 구조가 바람직하다고 보았다. 부부체제와
부모체제는 동일한 인물들(남편=아버지, 아내=어머니)로 이루어져
있지만, 부모체제는 부부체제의 일부 역할에 속하는 것이므로 부
부체제가 가장 상위에 있어야 한다고 본 것이다. 또한 부부(부모)
체제가 자녀체제보다 권위와 영향력이 커야 가정의 실제적 리더가
되며 자녀를 제대로 양육할 수 있다고 보기 때문에, 자녀체제가 위
계상으로 가장 하위에 있는 것이 바람직하다는 것이다.

예

앞서 예시된 어머니-자녀 간의 융해된 경계와 남편-아내 간의 격리된 경계
를 위계의 개념으로 들여다보자. 어머니와 자녀가 융해되어 있고 아버지와 어머
니는 서로 격리되어 있으면, 부모체제가 자녀체제보다 상위에 있지 못하여 부모
가 자녀에게 권위와 영향력을 제대로 가질 수 없다. 또한 남편과 아내가 격리되어

부부체제가 위계상으로 가장 상위에 있을 수가 없어서 가족의 실제적 리더가 될 수 없다. 따라서 상담의 중요한 목표는 부부체제-부모체제-자녀체제의 위계가 제대로 회복되며, 부부간 경계는 더 희미해지고 세대 간 경계는 더 뚜렷해지도록 돕는 것이다.

전략적 가족상담접근으로 분류되는 Haley(1976)는 가족 내 위계를 가족기능에서 가장 중요하다고 주장하였다. 가족 내의 잘못된 위계가 문제의 원인이라고 보고, 그 위계를 바로잡는 것이 문제해결을 위해 핵심적이라고 본 것이다. 예컨대, 가족구성원들이 각각 무엇이 문제라고 보는지 이야기할 때나 문제와 관련하여 상호작용할 때 그 내용과 과정을 살펴보며 구성원들 간에 어떤 연합 및 반목이 이루어지는지, 또 어떤 위계가 보이며 그 위계가 얼마나 기능적인지를 상담자가 파악하고 기능적 위계가 회복되도록 하는 것을 상담목표로 삼았다.

사례에 적용해 보기

6학년 2학기가 끝나갈 무렵 동수의 어머니가 전화로 담임 교사에게 상담을 신청하였다. 학교나 가정에서 특별히 문제가 있는 것은 아니며 중학교 진학을 앞두고 학업에 관련된 상담을 하고 싶다는 이유에서였다. 그래서 담임 교사는 동수에게 어머니와 함께 앞으로의 학업에 관련해서 이야기를 나누면 어떻겠냐고 제안하였더니, 동수는 "저는 별로 할 얘기 없는데요……."라며 피하는 반응을 보였다. 그래서 담임 교사는 어머니와만 만나서 상담을 진행하기로 하였다.

지금까지 동수의 학업을 어머니와 아버지가 많이 도와주고 있었는데, 앞으로 중학교에 가게 되면 부모의 도움으로는 부족하지 않을지, 친구들은 어떻게 하고 있는지 등이 궁금하다고 이야기하며 학업에 관련된 상담을 진행하던 중에 "아이가 사춘기라 그런지 좀 많이 달라졌어요. 자꾸 혼자 있으려 하고……."라고 어머니가 말하였다. 그에 대해 서운하다는 표현도 덧붙였다. 혼자 있으려 하는 구체적 예를 물어보니, 지금까지는 동수와 부모가 한 방에서 같이 잤는데 이제 자기 방에서 혼자 자고 싶은 마음을 가끔 표현한다는 것, 동수는 그동안 공부도 거실에서 하고 그 곁에서 부모가 공부를 도와주든지 아니면 책을 보든지 하면서 함께 했는데 최근 동수가 자기 방에 혼자 가 있는 적이 종종 있다는 것 등을 들었다.

⇒ 동수 가족의 경계선은 어떠해 보이는가? 초등학교를 졸업할 나이가 된 아이와 부모가 한 방에서 잠을 잔다는 것, 또 아이가 자기 방이 아닌 거실에서 공부하고 그 곁에 부모가 항상 있다는 것, 부모가 학업을 많이 도와준다는 것은 경계선이 지나치게 희미한 융해된 가족이라고 볼 수 있다. 특히 세대 간 경계가 지나치게 희미하다고 봐야 할 것이다. 동수가 혼자서 잠도 자고 부모와 독립된 경계를 가지고 싶은 마음을 가끔씩이라도 표현하는 것을 부모가 자연스러운 발달과정으로 수용하지 못하고 서운한 마음을 가지는 것도 융해된 가족의 부모에게 흔히 나타나는 반응이다.

담임 교사가 동수에게 어머니와 함께 상담할 것을 제안했을 때 동수가 회피하는 반응을 보인 것은 한편으로는 동수의 독립 욕구가 표현된 것으로 볼 수 있으나, 부모에게 자신의 독립 욕구를 분명하게 표현하지 못하고 가끔 소극적으로만 표현하는 것은 융해된 가족에서 성장하는 자녀의 모습이기도 하다. 이처럼 지나치게 경계가 희미한 가족에서는 부모가 위계상으로 자녀보다 상위에 있기 어려울 가능성도 많다. 자녀와 지나치게 밀착되고 너무 많은 것을 공유하기 때문에 부모로서의 권위가 제대로 서지 못하고, 자녀의 사랑을 잃지 않기 위해 부모가 자녀 뜻에 맞추려고 지나치게 애쓰다 보니 자녀의 힘이 너무 커질 수도 있다.

제6장

•

가족발달주기

개인처럼 가족체제도 발달단계를 거치고 단계별 주요과제가 있으며 변환의 시기에 위기를 맞기 쉽다. 교사가 학생의 개인적 발달을 가족 전체의 발달과 연관 지어 이해하면 학생에 대한 이해가 풍부해질 수 있다.

이 장에서는 가족발달의 단계별 주요 과제 및 변화를 살펴본다. 자녀가 있는 부부가 이혼하는 경우에는 가족발달주기가 변형되며, 이혼 후에도 자녀의 발달을 돕기 위한 부모의 주요 과제가 있다.

개인의 삶이 출생 시부터 연령의 증가와 더불어 발달의 단계를 거치는 것처럼, 가족체제도 발달의 단계를 거친다는 것이 가족발달주기(family life cycle)의 개념이다(Carter & McGoldrick, 1999). 개인의 삶이 시간적으로는 연속적으로 이루어지는 것처럼 보이지만 유아기 · 아동기 · 청소년기 등 시기별로 구분되는 발달단계가 있고 각 단계별 발달과업이 있는 것과 마찬가지로, 가족체제의 삶도 뚜렷이 구분될 수 있는 단계로 발달해 간다는 것이다.

앞 장들에서 제시한 경계와 위계, 피드백과 의사소통 등의 개념이 현재 가족체제의 구조적 · 관계적 특성을 이해하게 해 준다면, 가족발달주기의 개념은 가족체제를 시간적 · 발달적 시각에서 조명할수 있게 해 준다. 특히 교사가 학생의 발달을 이해하고자 할 때, 개인적 발달의 시각에만 그치지 않고 가족 전체의 발달과 관련하여 이해하게 되면 학생에 대한 이해가 풍부해진다는 이점이 있다.

학생이 개인적 발달과정에서 새로운 상황에 처하거나 변화를 겪게 되면 그 학생의 가족체제 전체가 새로운 상황과 변화에 적응해야 하며, 가족체제의 변화는 학생의 개인적 발달에 다시 영향을 주게 된다.

예

- 자녀가 초등학교에 입학하면 가족체제 전체가 그 변화에 적응해야 하며, 그러한 적응이 어떻게 이루어지는지에 따라 자녀의 발달 양상이 달라진다. 새로운 학년이 되거나, 또래관계가 달라지거나, 이사를 가는 경우도 마찬가지이다.

- 사춘기가 시작된 학생이 갑자기 화를 터뜨리는 일이 잦아지고 반항적인 경향이 강해지는 변화를 보이면, 부모도 그러한 변화를 보인 학생과의 상호작용에서 어떤 식으로든 변화할 수밖에 없다. 부모도 덩달아 더 심하게 화를 내거나, 부모 간 혹은 부모-자녀 간에 다툼과 갈등이 심해지거나, 부모의 권위가 약화되거나, 부모-자녀 간에 좀 더 대등한 관계가 되는 등 1차적 수준의 변화이건 2차적 수준의 변화이건 가족체제에 변화가 일어나게 되고, 이러한 가족체제의 변화는 학생의 개인적 발달에 다시 영향을 주게 된다.

다른 가족구성원의 개인적 변화에 의해서 가족체제가 변화하고 학생의 개인적 발달이 영향을 받기도 한다.

예

전업주부이던 어머니가 자신의 진로를 개척하고자 새로이 학업을 시작하면서 자녀가 하교 후에 혼자 있는 시간이 늘어나 또래들과 어울리게 되어 비행문제를 보이는 것이 그 예이다.

이처럼 가족발달주기의 개념은 가족구성원의 개인적 발달과 가족체제의 발달이 상호 밀접하게 영향을 주고받으며 진행된다는 점을 보여 줌으로써, 교사의 학생발달에 대한 이해를 풍부하게 해 준다는 이점이 있다. 또한 학생 및 가족의 문제를 보는 관점을 병리적 관점에 매몰되지 않고 발달지향적 관점으로 나아갈 수 있게 해 주는 이점도 있다. 개인이 변화의 시기에 문제를 겪기 쉬운 것처럼 가족도 발달단계의 변환 시기에 위기를 경험하는 경우가 많기 때문에 개인 및 가족의 문제 중 대다수는 굳이 병리적 관점으로 볼 필요

없이 변환의 시기에 겪는 어려움으로 보아 재적응과 성장의 기회
로 삼도록 도울 수 있다.

가족발달주기의 단계

다음에 제시되는 가족발달주기별 과제 및 변화에 관한 내용들은
정상적 가족발달주기에 대한 처방으로 좁게 보지 말고, 가족체제
를 발달적 시각에서 조명하고 단계별로 가족의 성장을 위해 중요
하게 고려할 점을 제안하는 것으로, 또 가족발달의 변환 시기에 발
생하기 쉬운 문제를 이해 · 해결하는 데 유익한 것으로 넓게 보기
바란다. 또한 각 사회의 시대적 · 문화적 배경에 따라서 가족발달
주기의 구체적 모습은 다양해질 수 있다는 점도 기억하자.

〈표 6-1〉 가족발달주기의 단계별 주요 과제 및 변화

단계	주요 과제	발달과정에 따른 가족의 제2수준 변화
1. 가족과 가족 사이의 중간적 존재	부모로부터의 분리 수용	• 가족과의 관계에서 자기 확립 • 친밀한 동세대와 또래관계의 발달 • 직업상의 자기 확립
2. 결혼하여 새로운 가족을 이루는 단계	새로운 체제의 시작	• 부부체제의 형성 • 확대가족에 적응 • 친구관계의 조정과 회복
3. 어린 자녀가 있는 가족	가족체제 속으로 새로운 구성원의 참가 수용	• 자녀를 위한 시공간 설정에 부부체제가 적응 • 부모로서의 역할 수행 • 부모 또는 조부모의 역할을 포함하는 형식으로 확대가족과의 관계를 회복

4. 청소년 자녀가 있는 가족	자녀의 자립을 포함하는 형태로 가족 경계의 확대	• 청소년기 자녀가 가족체제의 안과 밖을 자유롭게 드나드는 것을 허용하는 형태로 부모-자녀관계 변화 • 중년의 부부문제나 진로 및 인생을 살아가는 발달과제 재조명 • 노년세대를 배려하는 방향으로 이동 시작
5. 성인 자녀를 떠나보낸 후의 가족	가족체제 밖에서 생활하거나 가족체제에 새롭게 참가하는 가족구성원의 다양화 수용	• 2인 1조로서의 부부체제 협력 재개 • 성장한 자녀와 부모 사이의 관계가 성인으로서 맺는 관계로 이행 • 자녀의 배우자와 손자녀를 포함한 형태의 가족관계에 적응 • 부모 또는 조부모의 신체적·정신적 장애나 죽음에 대한 대응
6. 노년기 가족	세대에 따른 역할 교체 수용	• 자기 또는 부부의 기능을 유지하는 것과 육체적인 쇠약에 대한 관심 • 중년세대의 보다 중심적인 역할을 지지 • 연장자의 지혜와 경험을 체제 속에서 살리는 기회 확보 • 배우자·형제·친구를 상실하는 것에 대한 대응, 자신의 죽음을 준비, 인생의 통합

출처: Carter & McGoldrick (1999).

1) 가족과 가족 사이의 중간적 존재

〈표 6-1〉에서 보는 것처럼, 가족발달주기의 첫 단계는 부모로부터 독립하는 성인 초기부터 시작된다. 새로운 가족을 이루기 전 성인 초기부터 자신의 원가족으로부터 받은 무수한 영향을 깊이 조명하면서 장차 한 사람의 독립된 성인으로서 어떤 배우자를 선택하여 어떤 모습의 가족을 이룰 것인지를 탐색하는 것이 새로운 가족발달의 기반이 된다는 것이다. 원가족의 모습과 원가족으로부

터 받은 영향에서 어떤 점은 간직하고 어떤 점을 버릴 것인지, 또 어떤 모습을 새로이 창조하고 싶은지를 현명하게 구분함으로써 원가족과 정서적 유대를 유지하면서도 자신의 독립성을 굳건히 할 수 있어야 건강한 새 가족을 이룰 수 있다. 또한 같은 세대의 또래들과 관계를 발달시키며 배우자를 현명하게 선택하여 친밀한 관계를 형성·유지할 수 있게 되는 것과 더불어, 직업인으로서 자기를 확립하여 경제적 독립을 이루는 것도 새로운 가족의 중요한 토대가 된다. 원가족으로부터 정서적으로나 경제적으로 독립하지 못하거나 혹은 정서적으로 단절된다면, 새로운 가족을 형성하더라도 가족발달을 원만히 이루기 어렵다.

2) 결혼하여 새로운 가족을 이루는 단계

결혼을 통하여 남편과 아내로 이루어진 새로운 가족체제가 형성된다. 새로 결혼한 부부는 남편과 아내로서 서로 적응하며 부부체제를 발전시키고, 기존의 친구관계도 그에 맞게 조정하게 된다. 이와 함께 남편의 원가족과 아내의 원가족이 연결되는 새로운 확대가족이 탄생하게 되므로, 남편과 아내는 세 가족에 동시에 속하게 되어 복잡해지고 확대된 가족관계에 적응해야 하는 과제도 있다.

3) 어린 자녀가 있는 가족

부부에게 자녀가 태어남으로써 핵가족체제는 부모세대와 자녀

세대를 포함하는 가족체제가 된다. 따라서 부부는 남편과 아내만으로 구성되었던 초기의 가족체제를 변형시켜서 자녀를 포함한 새로운 체제로 발전시켜야 하는 책임을 지게 된다. 특히 이 시기의 자녀는 부모에게 의존할 수밖에 없어서 많은 돌봄이 필요하므로 자녀를 돌볼 수 있는 체제로 적응하는 것이 큰 과제이다. 어린 자녀의 양육을 위한 시간과 노력 및 재정적 책임 등을 부모가 조정할 뿐 아니라 적절하고 일관성 있는 훈육이 이루어질 수 있도록 부모가 협조해야 하는 것이다. 또한 어린 자녀의 부모 역할을 충실히 감당하는 한편, 부부관계가 원만히 유지될 수 있도록 하는 것도 이 시기의 중요한 과제이다. 확대가족의 측면에서 볼 때 조부모세대가 손자녀와 적절한 관계를 형성할 수 있도록 조정하는 것도 부모의 과제이다.

4) 청소년 자녀가 있는 가족

자녀가 자라서 청소년기를 맞게 되면 질적으로 다른 특성을 지니기 때문에 가족체제는 상당한 변화를 겪을 수밖에 없다. 청소년 자녀는 부모의 정서적 지원을 여전히 필요로 하면서도 독립의 욕구가 강하여 스스로도 혼란을 겪고 부모와의 관계에서도 갈등을 빚기 쉽다. 부모는 청소년 자녀의 독립 욕구를 적절히 지원하는 한편, 필요할 때 정서적 지원도 제공할 수 있도록 가족체제의 경계를 융통성 있게 조절할 수 있어야 한다. 한편, 이 시기의 부모세대는 중년의 나이가 되므로 자신의 진로나 부부관계에서 위기를 겪

을 수 있고, 또 자신의 부모는 연로하여 은퇴하거나 신체적·경제
적으로 취약해질 수 있다. 따라서 자신의 부모로부터 경제적으로
나 자녀양육에서 도움을 받기 어렵고, 오히려 자신이 부모를 돌보
아야 하는 책임을 지는 경우도 많아진다.

5) 성인 자녀를 떠나보낸 후의 가족

성인이 된 자녀들이 심리적·경제적으로 독립하고 결혼하여 새
로운 가족을 이루어 떠난 후, 다시 중·노년의 부부만으로 이루어
진 가족의 단계이다. 이제 부부만의 가족체제로 되돌아와서 의미
있는 관계를 재정립하고, 새로이 가족을 형성한 자녀세대와 성인
대 성인으로서 새로운 부모-자녀관계를 정립해야 하는 과제를 안
고 있다. 또한 자녀의 배우자와 그 원가족을 수용하여 새로운 확대
가족으로 적응하고, 손자녀가 생기면 조부모로서의 역할도 정립해
야 한다.

6) 노년기 가족

한 가족의 발달주기 중 마지막 단계이다. 자녀세대의 보다 핵심
적 역할을 지지하며 세대 간 역할 교체를 수용해야 한다. 노년으로
인한 신체적 쇠약함에 대처하며 개인 및 부부의 기능을 유지하고,
적절한 사회적 역할과 가족 내 역할을 탐색하고 감당하는 것이 중
요한 과제이다. 삶의 경험이 풍부한 연장자로서 지혜를 나눔으로

써 가족과 사회에 기여할 뿐 아니라 자신의 삶을 정리·통합함으
로써 죽음에 대한 준비를 해야 하는 시기이기도 하다.

이혼에 따른 발달주기의 변형

앞에서 제시한 가족발달주기는 모든 단계에서 부부관계에 위기
를 겪을 수 있다. 한국 사회도 1990년대부터 이혼율이 급증하면서
가족의 형태가 다양해지게 되었다. 가족의 형태가 달라지면 가족
발달주기의 양상도 달라질 수 있는데, 여기에서는 미성년 자녀가
있는 부부가 이혼하게 되는 경우를 살펴보고자 한다. 자녀가 있는
부부가 이혼을 하게 되어 부부관계가 와해되더라도 가족발달주기
는 변형된 형태로 지속된다(김혜숙, 2013). 이혼 후 비양육부(모)의
역할이 주변적으로 변화하거나 때로는 단절되지만, 양육부(모)를
중심으로 하여 이후 단계의 발달주기는 지속되는 것이다.

1) 한부모가족

어린 자녀가 있는 한부모가족인 경우, 한부모 혼자서 어린 자녀
의 양육과 직업을 병행해야 하는 것이 큰 과제가 된다. 청소년 자녀
가 있는 한부모는 자녀양육에 많은 시간이 필요하지는 않지만, 청
소년 자녀의 독립 욕구와 정서적 지원 필요에 적절히 대처하는 융
통성 있는 가족체제를 유지하는 책임을 한부모 혼자서 감당해야

하는 어려움이 있다.

이혼은 가족관계만 변화시키는 것이 아니라 친구관계를 포함한 사회적 관계도 변화시킨다. 따라서 한부모는 자신의 사회적 관계망을 새로이 형성하거나 재조정해야 하며, 직업이 없던 한부모가 새로이 직업을 가져야 하거나, 직업이 있더라도 자녀양육을 위해 직업을 조정해서 자녀양육과 경제활동이 양립될 수 있도록 해야 하는 과제가 있다. 또한 비양육부(모)가 자녀와 부모-자녀관계를 유지할 수 있도록 협조·지원해야 하는 것도 한부모에게 어렵지만 중요한 과제이다.

2) 비양육부(모)

외견상으로 비양육부(모)는 가족체제로부터 분리되어 가족발달주기와 무관한 것으로 보이지만, 실제로는 여전히 자녀와 함께 또 하나의 부모-자녀체제를 이루고 있다. 만남의 빈도나 관여 정도가 어떠하든, 비양육부(모)는 자녀의 발달과 한부모가족체제의 발달에 큰 영향을 미치는 중요한 사람이다.

비양육부(모)의 가장 중요한 과제는 부모-자녀관계를 유지하는 것이다. 양육부(모)에 비해 자녀양육에 직접 참여하는 시간은 적지만, 지속적 만남과 재정적 지원 등을 통해서 자녀에게 제공할 수 있는 효과적 부모 역할을 찾고 유지해야 한다. 또한 한부모가족체제가 원만하게 발달할 수 있도록 지원하고 협조함으로써, 자녀의 발달에 긍정적 영향을 미칠 수 있도록 해야 하는 것도 중요한 과제이다.

사례에 적용해 보기

초등학교 2학년 여아인 미화는 비만이 심하며 계절에 맞지 않는 옷을 입고 학교에 오는 적이 많다. 잘 씻지 않는지 몸에서 냄새가 나는 경우도 많아서 학급 아이들이 싫어한다. 편식이 심한 한편, 자기가 좋아하는 반찬이 나오면 식탐을 많이 보인다.

어머니에게 상담을 요청하려고 여러 번 통화를 시도했으나 통화가 되지 않는 적이 많았고 문자로 전화를 부탁해도 대부분 응답이 없었다. 반복된 시도 끝에 통화가 되었을 때 "미화가 특별히 문제를 일으킨 게 아니면 다음에 갈게요. 제가 좀 바빠서요."라는 반응을 보였지만, 교사가 간곡히 설득해서 결국 어머니가 학교에 방문하였다.

어머니의 모습과 차림새는 딸인 미화의 모습과는 아주 다르게 화려하고 날씬한 모습이었다. 미화의 편식에 대해서 교사가 이야기를 꺼내자, 자신도 편식이 심하기 때문에 별거 아니라는 반응을 보였고, 계절에 맞지 않는 옷과 몸에서 냄새나는 것에 이야기하자 불쾌한 표정을 지으며 "아이가 게을러서 그래요."라며 미화를 비난하고 귀찮게 여기는 듯하였다. 남편은 3교대로 일을 하는 직장에 다니기 때문에 낮에 집에서 잠을 자는 경우가 많고, 가끔 시간이 날 때는 같이 게임을 하기도 하나 아이들 때문에 낮잠을 설치거나 하면 심한 욕설과 함께 소리를 지르며 화를 내기 때문에 아이들이 무서워하는 편이라고 하였다. 그런 남편에 대해 어머니도 불만이 많아서 집에 있기 싫고, 그래서 직장은 없지만 언니가 운영하는 식당에 자주 간다고 하였다.

미화에게는 네 살 위의 오빠가 있는데, 학교에서 다른 아이와 싸우는 등 문제를 일으킨 적이 많아서 교사에게서 전화가 오면 어머니는 짜증부터 난다고 하였다. 미화의 오빠는 작년부터는 어머니를 대놓고 무시하기 때문에 전혀 통제할 수가 없고, 가끔 남편이 심하게 혼을 내면 조금 나아지는가 싶다가도 다시 말썽을 부린다고 하였다.

⇒ 이 사례의 가족에게는 초등학교 2학년과 6학년인 자녀가 있다. 초등학교 2학년인 미화를 중심으로 보면 가족발달주기상에서 어린 자녀를 둔 가족의 단계에 아직 있지만, 6학년인 오빠를 중심으로 보면 청소년 자녀를 둔 가족의 단계라고 볼 수 있다. 이런 식으로 실제 가족은 어느 한 단계에 있기보다는 동시에 두 단계의 가족발달주기에 있는 경우도 많다.

초등학교 2학년인 어린 자녀를 위해서는 부모가 서로 협조하며 충분한 돌봄을 제공할 수 있도록 하는 것이 중요한 과제이다. 유아기부터 부모가 충분한 돌봄을 제공하였다면 초등학교 2학년이 되기 이전에 이미 미화에게 자기 자신을 돌보는 기본적 능력이 많이 생겼을 것이고 부모의 돌봄이 적어지더라도 문제가 없을 것이다. 그러나 미화에게는 이전 단계에서 그런 돌봄이 충분히 제공되지 않았기 때문에 아직도 부모의 돌봄이 더 필요한 상황이 된 것이다. 반면에 청소년기에 들어간 6학년 자녀를 위해서는 자녀의 독립 욕구를 적절히 수용하면서도 정서적 지원을 제공할 수 있도록 부모 역할을 융통성 있게 조절하며 자녀의 문제행동을 예방·해결하도록 돕고 올바르게 성장할 수 있도록 위해 지도하는 것이 중요한 과제이다.

그러나 이 가족의 부모는 어린 자녀의 양육과 훈육을 위한 협조가 제대로 이루어지지 못하고, 적절한 돌봄을 충분히 제공하지 못하는 것으로 보인다. 또한 청소년이 된 자녀를 지도하기 위해 부모 역할을 적절히 조정하는 것도 아직 미숙한 단계에 있다고 볼 수 있다.

가족발달주기의 이전 단계로 이 부모의 모습을 상상해 보자면, 아마도 결혼 전 성인 초기의 발달과업 및 새로운 가족을 이루었던 단계의 발달과업도 상당 부분 제대로 이루지 못했을 가능성이 있다. 개인의 발달에서 앞 단계의 발달과업을 충분히 이루지 못하면 다음 단계의 발달에 어려움이 생기는 것과 마찬가지이다.

제7장

•

세대 간 대물림

현재 가족의 부모는 과거의 가족에서는 자녀로 성장하였고, 그 부모의 부모도 윗세대에 뿌리를 두고 있다. 가족관계의 많은 부분은 여러 세대에 걸쳐서 대물림되고 연계되어 있다.

이 장에서는 다세대적인 연계 맥락에서 가족관계를 이해하는 데 유용한 관계윤리와 자아분화의 개념을 설명한다.

두 사람의 독립된 성인이 만나 새로운 부부체제를 형성하면서 시작된 가족체제가 여러 단계를 거치며 발달하고 소멸하게 되는 가족발달주기를 앞 장에서 살펴보았다. 그런데 새로운 부부체제를 이루는 두 사람의 독립된 성인은 어디서 나서 자란 사람인지 생각해 보자. 물론 각자 아버지와 어머니가 있어서 태어났고 어떤 형태의 가족체제 속에서 성장하였다. [고아로 자란 사람도 생물학적 부모가 부재(不在)한 가족체제, 그리고 친척이나 양부모 혹은 정부기관 종사자가 친부모 역할을 대신한 가족체제 속에서 성장하므로, 가족체제 속에서 성장한 것으로 볼 수 있다.]

가장 단순하고 일반적인 가족체제를 예로 들어서 성인이 되는 성장과정을 생각해 보자. 일반적인 상식으로도 부모가 어떤 사람인지에 따라 자녀의 성장이 달라진다는 것은 누구나 알고 있다. 그래서 생물학에서는 유전을 살피고, 심리학에서는 지능, 학업성취, 성격 등 다양한 특성과 심리적 문제에서 부모–자녀의 관련성 및 부모의 영향력을 탐색한다. 가족상담접근에서도 부모와 자녀가 순환적 인과관계가 있으나, 특히 자녀가 어릴수록 부모의 힘이 자녀에 비해서 강력하다는 점을 여러 가지로 보이고 있다.

관계를 이루는 개인에 대한 관심과 다세대적 연계

앞 장에서 가족상담은 개인보다 관계에 초점을 둔 상담이라는 점을 강조하였다. 그러나 관계와 개인에 대한 관심의 비중에서 이론에 따라 차이가 나타난다.

대화가족이론, 구조적 가족상담이론, 전략적 가족상담이론 등은 현재 한 단위의 가족으로 생활하는 가족체제 내의 상호작용과 관계에 초점을 맞추어 문제파악과 해결을 위해 노력하며, 개인 자체나 개인 내면의 심리에 대해서는 관심이 별로 없어 보인다. '가족구성원 간 상호작용(피드백, 의사소통)이 어떻게 일어나는가?' '가족체제의 경계와 위계가 어떤 형태인가?' '피드백, 의사소통, 경계, 위계가 어떤 모습으로 달라져야 하는가?'가 상담에서 중요한 질문이다. 각 가족구성원이 다른 가족구성원과 '왜 그렇게' 상호작용하는지는 관계적 맥락에서만 볼 뿐 개인 내적인 이유를 찾지 않는다.

그러나 정신역동적 가족상담접근, 맥락적 가족상담접근, Bowen의 가족상담접근 등은 가족관계를 이루는 구성원인 개인의 내면을 무시하고서는 관계를 제대로 이해할 수 없다고 보았다. 또한 1980년대부터 대상관계이론이 많은 관심을 얻게 되는 한편, 사이버네틱스를 가족관계에 기계적으로 적용하는 것에 대해 한계를 느끼는 상담자들이 많아지면서, 개인 내면에 대한 관심의 비중이 예전에 비해 높아졌다.

관계를 이루는 개인의 내면에 대한 관심은, 현재의 가족을 과거의 가족과 연계하여 다세대적으로 조망하는 것으로 나타난다. 우리가 어린 시절의 경험(특히 돌봄 받은 경험)을 통해서 형성된 기대들을 토대로 타인과 관계를 형성한다는 것이 대상관계이론의 요지이다. 어린 시절의 경험은 우리 내면에 대상(즉, 경험과 기대로부터 형성된 자신과 타인에 대한 내적 표상)을 남기게 되고, 이런 내적 대상들이 성격의 핵심이 되어 관계 속에 나타나고, 관계 내 인물들과 영향을 주고받으며 유지·변화·발달한다는 것이다. 정신역동적 접근(Winnicott, 1999)에서 볼 때 유아가 건강한 자아발달을 이루려면 부모가 안전하고 적절한 돌봄을 제공할 수 있어야 하는데, 부모 스스로 안정되고 통합되어 있어야 적절한 돌봄이 가능해진다. 만약 부모 자신이 어린 시절 적절한 돌봄을 받지 못한 결과로 성격발달이 건강하게 이루어지지 못해서 불안정한 상태라면 자녀에게 적절한 돌봄을 제공하지 못하여 투사동일시 등 건강하지 못한 상호작용이 초래되고, 결국 자녀는 또다시 불안정한 성격발달을 이루게 되는 식으로 이어질 수 있다.

맥락적 접근으로 불리는 Boszormenyi-Nagy는 신뢰와 충성심이 관계의 토대여야 한다고 주장하며(Boszormenyi-Nagy & Spark, 1973), 가족발달의 다세대적 연계 맥락에서 관계의 윤리적 측면을 강조하였다는 점에서 독특하다. 즉, 부부관계에서는 권리와 책임이 균형을 이루는 것이 건강한 관계의 기준이며, 부모-자녀관계에서는 부모가 자녀를 돌보는 역할을 하는 것이 윤리적이라고 보았다(여기서 말하는 부모-자녀관계는 미성년 자녀와 부모의 관계를 말한다). 그러한 관계윤리가 한 세대의 가족에서 흐트러져서 부모가 자녀를 제대로 돌보지 않고 오히려 자녀가 부모를 돌보도록 요구받는 관계맥락 속에서 자녀가 성장하게 되면, 그 자녀는 본인이 부모가 되었을 때 원가족에서 받지 못했던 돌봄을 자녀에게 다시 기대하게 되는 잘못된 관계윤리가 대물림된다고 보았다.

자아분화

Bowen(1976)은 개인내적인 개념이면서 관계적 개념이기도 한 자아분화(differentiation of self)를 핵심으로 한 가족상담접근을 제시하였다. 자아분화란 불안을 유발하는 감정적 압력에 자아가 자동반사적으로 반응하지 않고 이성적 역량을 활용하여 현명하고 유연하게 반응할 수 있는 정도를 말한다.

자아분화가 잘 된 사람은 생각과 감정에 균형이 이루어져서, 강렬한 정서와 자발성도 가능한 한편, 감정에 휘말리지 않고 자신의 행동을 조절할 수 있는 능력을 가지고 있다. 따라서 개인내적으로 불안이 높을 때도 감정에 휘말리지 않고 지적 능력을 활용할 수 있으며 객관적 사고가 가능하다. 가족과 정서적 친밀성을 유지하는 한편, 자신의 독립성도 동시에 유지할 수 있다.

반면에 자아분화 수준이 낮은 사람은 감정에 휘둘리고 주변 사람들에게 반사적·충동적으로 반응하는 경향이 강한데, 특히 불안을 유발하는 상황에서는 더욱 그렇다. 인간관계에는 독립성(individuality)과 연결성(togetherness)[1]이라는 두 가지의 상반된 욕구가 작용하는데, 자아분화 수준이 낮은 사람은 독립성과 연결성을 동시에 유지하기가 어렵기 때문이다.

---

1) 독립성이란 타인과 분리되어 자신의 고유성과 개인성을 유지하고 싶은 욕구를 말하며, 연결성이란 타인과 가깝게 연결되고 함께하고 싶은 욕구를 말한다.

Bowen이 보기에 인간은 보통 자신이 생각하는 것보다 정서적 자율성이 부족하며(즉, 자아분화 수준이 낮음), 가족관계에서는 특히 감정적 반사행동이 일어나기 쉽다. 자아분화 수준이 낮은 사람들이 부부가 되면, 자신의 정서적 자원이 제한적이기 때문에 부부관계에서 불안과 긴장을 다루기 어렵다. 그래서 개인의 불안이 가족에게 투사되기 쉽고, 배우자에게 자신의 욕구와 필요를 투사하게 되는 융해관계가 이루어진다.

이러한 융해상태는 불안정한 것이라서, 오히려 감정적으로 소원해지는 반대 극단으로 가거나, 신체적·정서적 문제를 경험하거나, 부부갈등이 심해지거나, 자녀에게 갈등을 투사하거나, 자녀에게 초점을 맞추어 불안을 회피하는 삼각관계를 형성하게 된다. 부부의 자아분화 수준이 낮을수록, 원가족으로부터 감정적으로 단절되거나 융해된 정도가 심할수록, 또 가족체제에 가해지는 스트레스가 심할수록 이러한 문제들도 심해진다.

자아분화 수준이 낮은 부모의 문제가 자녀에게 투사되는 과정의 예를 들어 보자. 자아분화 수준이 비슷한 정도로 낮은 부부가 부부관계에서 긴장과 불안을 느낄 때 이를 원만히 해결하지 못하고 긴장과 불안이 계속되자 남편과 아내의 관계가 소원해진다. 그러자 아내는 좌절된 정서적 에너지를 자녀에게 쏟는데, 대체로 어떤 특정한 자녀에게 더욱 집중된다. 첫째 자녀, 혹은 가장 어린 자녀, 혹은 부모 중 하나를 가장 닮은 자녀 등 한 자녀에게 아내가 정서적 에너지를 집중하면 부부관계의 긴장이 줄어들어서 남편의 불안도 낮아진다. 그래서 남편도 자녀에 대한 아내의 과도한 관여를 묵인하거나 지지한다. 그렇게 되면 이 투사의 대상이 된 자녀는 자아분화의 발달을 제대로 이루기 어렵게 된다. 어머니가 자신의 불안을 자녀에게 많이 투사할수록 자녀의 기능과 발달은 그만큼 더 저해된다. 자녀의 기능과 발달이 늦다는 것은 어머니가 자녀에 대해 과다하게 관여·통제할 수 있는 구실을 제공하는데, 그렇게 되면 어머니는 자신의 불안은 회피할 수 있으나 자녀의 발달은 더욱 저해되는 결과를 가져온다. 자녀에게 투사되는 불안이 높을수록 자녀는 자신의 내면을 스스로 탐색·이해·조절할 수 있는 능력을 발달시키기 어렵기 때문이다. 그 결과 자녀는 자아분화 수준이 낮은 성인으로 성장하게 되어, 또다시 자아분화 수준이 낮은 가족관계를 형성하게 되는 대물림이 이루어진다.

　가족관계의 다세대적 연계를 어떤 시각에서 조명하건, 가족관계를 현재의 가족에만 제한하지 않고 여러 세대로 연계하여 이해하고, 겉으로 드러나는 가족 간 상호작용과 함께 가족관계를 이루는 개인의 내면에 관심을 기울이는 것은 가족에 대한 이해와 조력과정을 풍부하고 깊게 해 주었다고 볼 수 있다. 많은 가족상담자가 가계도(genogram)를 활용하는 것도 그에 따른 것이라 하겠다. (가계도를 작성하고 활용하는 방법은 제3부에서 설명한다.)

 ## 사례에 적용해 보기

　초등학교 2학년인 주영이는 지는 것을 아주 싫어한다. 게임 활동이나 달리기에서 지면 울거나 인상을 찡그리고, 발표 시에 자기를 지명하지 않거나 친구가 칭찬받는 것을 보면 얼굴이 심하게 일그러진다. 그러나 수업을 방해하거나 말썽을 부리는 일은 없다. 학업성취도 우수하고 맡은 일을 야무지게 잘 해낸다.

1학년 때 정서행동검사에서 문제행동지수가 높게 나왔는데, 집에서 어머니가 체크한 것이었다. 그러나 1학년 담임 교사가 관찰한 바로는 지는 것을 너무 싫어하는 것 외에는 별 문제행동이 없었다고 한다. 2학년 초 수업 공개 시에 어머니가 수업을 참관하였는데, 그 이후에 있었던 학부모상담에서 어머니는 아이의 수업태도가 좋지 않고 발표도 못하고 자신감이 부족해 보이더라며 걱정하였다. 평상시에는 수업에 매우 적극적이고 발표도 잘한다고 어머니를 안심시켰으나, 어머니는 다른 애들은 어른들이 뒤에 있어도 발표도 잘하더라며 여전히 걱정하였다. 두 달 후 다른 아동의 어머니가 주영이 때문에 자기 아이가 스트레스를 심하게 받는다며 상담을 요청하였다. 그래서 교사가 주영이와 대화를 해 보니, 자기는 친구관계가 좋지 않고, 자기가 뭘 잘못해서 그런지도 알고 있다고 얘기하였다. 자기가 지는 걸 싫어하고, 자기 마음대로 하려고 하고, 친구에게 나쁜 말을 해서 그렇다는 것이다.

주영이 어머니는 교사의 상담 요청이 있은 바로 다음 날 학교로 찾아왔다. 주영이와 다른 아동 간의 불편한 관계에 대해서도 그 어머니에게 대충 들어서 알고 있고, 집에서도 지기 싫어하는 것 때문에 두 살 어린 동생과도 다툼이 많고, 가족끼리 하는 게임에서도 지면 울고불고 난리를 부려서 혼을 낸다고 하였다. 어머니는 부모가 모두 교사인 가족에서 맏딸로 성장하였는데, 특히 아버지가 매우 꼼꼼하시고 작은 잘못도 그냥 넘어가지 않고 꼭 지적을 하셔서 스트레스를 많이 받고 자랐다. 남편을 만났을 때 느긋하고 여유 있는 성격인 것 같아서 편하게 여겼고 결혼까지 했는데, 자녀에 대해서도 남편은 별 문제를 느끼지 않지만 자기는 아이에게 부족한 점이 많은 것 같고 항상 걱정이 된다. 때로는 남편이 아이의 문제에 별 관심이 없는 것 같아서 답답한 마음에 자꾸 이야기를 하다 보면 남편과 싸우게 된다고 하였다.

⇒ 주영이 어머니가 자란 원가족과 현재의 주영이 가족을 연결시켜서 생각해 보자. 주영이 어머니는 완벽을 요구하는 아버지 밑에서 자라면서 스트레스를 많이 느꼈지만, 그러한 아버지의 모습을 자신이 부모가 되어서 자녀에게 그대로 요구하고 있다. 주영이 어머니가 자녀에 대해 느끼는 불안도 본인의 아버지로부터 이어져 내려왔다고 볼 수 있다. 그렇게 자아분화 수준이 높지 않게 성장하였고, 상대적으로 느긋하고 여유 있어 보였던 남편에게서 처음에는 돌봄과 위로를 얻는다고 느꼈지만, 자녀를 낳자 불안을 제대로 다루지 못하여 남편의 여유 있는 모습을 무관심으로 해석하며 갈등을 빚게 되고 불안은 더욱 가중되었을 것이다.

이러한 주영이 어머니의 불안은 주영이에게 투사되어 주영이는 지기 싫어하고 불안이 많은 모습을 보인다. 평소에는 적극적이고 발표도 잘하던 주영이가 수업 공개 때 자신감 없고 발표도 못하는 모습을 보인 것은, 어머니의 존재로 인해 불안이 심해진 때문이라고 볼 수 있다. 그와 더불어 주영이의 지기 싫어하고 자기중심적인 경향으로 인해 또래들과 사이가 원만하지 못한 것도 어머니의 불안을 정당화해 줌으로써 더욱 주영이의 부족한 점에 초점을 맞추고 걱정하게 되는 결과를 낳고 있다. 낮은 자아분화 수준이 대물림되는 모습을 보여 준다고 할 수 있다.

제8장

•

가족구성원의
관점과 신념

가족상담은 관계에 주된 관심을 두기 때문에 겉으로 드러나는 상호작용 행동에 초점을 맞추는 접근들이 많다. 그러나 상호작용 행동 이면에 있는 관점과 해석 등 인지적 측면도 문제의 원인과 해결에 중요한 역할을 할 수 있다.

이 장에서는 가족 내 상호작용 이면의 해석이 가진 함의 및 가족구성원들이 공유하는 역기능적 가족신화를 살펴본다. 가족관계에 대한 구성원 개인의 비합리적 신념들의 예도 제시한다.

앞 장들에 제시된 가족상담의 주요 가정과 개념들을 살펴보면, 의사소통, 구조, 피드백, 경계, 위계 등 현재 가족체제 내의 상호작용뿐만 아니라 다세대로 이어지는 가족관계 양상에서도 관계는 핵심적인 관심사이다. 이렇듯 관계를 중시하기 때문에 가족상담에서는 겉으로 드러나는 행동에 많은 관심이 있는 것으로 보일 수 있다. 그렇다면 뭔가 빠져 있는 듯한 느낌을 가졌을 독자들이 있을 것이다. 특히 개인상담의 인지적 접근에 익숙한 독자들은 사람의 생각이 행동과 감정에 얼마나 중요한 영향을 미칠 수 있는지 알고 있을 것이다. 가족관계에 나타나는 상호작용 행동에서도 사람의 생각은 당연히 중요한 역할을 할 것이라는 점을 왜 다루지 않는가 하는 의문을 가졌다면 한발 앞서가는 독자라 할 수 있다.

상호작용 이면의 해석

인간은 있는 그대로 대상을 인식하는 것이 아니라 인간의 인식이 대상의 관념을 만들어 낸다고 18세기에 Kant가 주장한 데서 20세기 구성주의(Constructivism)의 뿌리를 볼 수 있는데, 이러한 철학적 주장은 20세기 후반에 큰 발달을 이룬 뇌과학에 의해서도 지지되고 있다. 즉, 인간의 뇌는 심상을 사진 찍듯이 지각하는 것이 아니라 주관적으로 조직하여 지각경험을 한다는 것이다. Kelly의 개인구념이론(Personal Construct Theory)은 구성주의적 관점을 상담에 적용한 대표적 예라고 할 수 있다.

구성주의적 관점은 가족상담자들에게도 중대한 영향을 미치게 되어, 가족관계의 이해와 문제해결에서도 인지적 측면을 중요하게 고려할 필요성이 대두되었다. 즉, 가족구성원은 자기가 해석한 바에 근거해서 상호작용을 하게 되므로, 겉으로 드러나는 가족 간 상호작용 자체가 문제일 수도 있지만 상호작용(행동) 이면에 있는 해석(의미, 가정, 관점)이 문제를 초래할 수도 있음을 고려해야 한다는 것이다.

예

> • 어머니의 지시를 따르지 않는 자녀에 대해 어머니가 '얘가 내 속을 뒤집어 놓으려고 일부러 말을 안 듣는구나.'라고 해석할 때와 '요새 공부가 잘 안된다고 힘들어하더니 그래서 내 말도 잘 안 듣나 보다.'라고 해석할 때 어머니의 감정 및 행동반응은 다를 것이다.
> • 자녀가 말대꾸를 할 때 어머니가 '얘가 날 존중하지 않는 거야. 나는 형편없는 엄마인가 봐.'라고 생각하는 경우와 '예전에는 안 그랬는데 요즘은 말대꾸도 하고 말도 잘 안 듣는 걸 보면 예전 방식으로는 아이와 말이 잘 통하지 않는 것 같아.' '아이가 이제 컸다고 자기주장이 강해졌어.'라고 생각하는 경우 어머니의 반응은 다를 것이다.

가족구성원이 자신의 행동이나 다른 가족구성원의 행동 및 상호작용에 대해서 보는 관점(해석)이 바뀌면 문제에 대한 규정도 달라지고 문제의 정도와 해결 가능성도 달라지게 된다는 인식은, '재정의(reframing)'라는 단순해 보이지만 매우 효과적인 기법을 낳게 되었다. 문제에 고착된 가족일수록 상황이나 문제에 대한 특정 관점을 유지하는 경향이 강하고 그 특정 관점에 의해 가족의 행동반응이 제한되는 경향이 많은데, 다른 행동반응의 가능성을 열 수 있는 쪽으로 상황을 보는 다른 관점을 제공하는 것이 재정의기법이다. (재정의기법의 구체적 과정은 제3부에서 설명한다.)

자녀 중 하나가 문제를 보일 때 그것을 자녀 개인의 문제로 보는 관점을 가족체제의 문제가 그 자녀를 통해서 드러난 것으로 관점을 바꾸는, 즉 개인의 문제를 가족체제의 문제로 바꾸어 보는 가족상담접근도 재정의에 해당한다. 문제에 매몰되어 있는 가족의 관점을, 예외적 상황(문제가 있음에도 불구하고 적응이 원만했거나 문제가 비교적 덜했던 예외적 경우)이 어떻게 가능했고 그때 무엇을 하고 있었는지를 볼 수 있도록 해서 문제로부터 해결로 관점을 옮기도록 돕는 해결중심상담접근도 마찬가지이다. 또 내담자가 문제인 것이 아니라 내담자는 문제에 의해 괴롭힘을 당하고 있으며 그 문제를 이겨 내려고 애쓰는 사람으로 관점을 바꾸는 이야기치료의 외재화(externalization)기법도 재정의를 창의적으로 활용한 것이라 할 수 있다.

구성주의적 관점을 좀 더 넓혀 보면 가족을 돕고자 하는 상담자나 교사의 태도가 좀 더 겸손해질 수 있다. 우리가 가족을 이해하고 문제해결을 돕고자 하여 가족상담의 다양한 개념적 틀을 적용하지만, 상담자(교사)인 우리 자신의 관점도 결국 객관적인 절대 진리가 아님을 명심하여 우리 자신의 관점을 가족에게 강요하려고 해서는 안 되며, 가족의 관점을 존중하며 이해하고자 노력해야 한다.

가족신화

가족구성원은 자신의 해석·가정·관점에 따라 다른 가족구성원과 상호작용하고, 반응을 다시 해석하여 상호작용을 반복하게 되는데, 이러한 해석·가정·관점은 다른 가족구성원의 해석·가정·관점 및 사회문화적 맥락에 의해 영향을 주고받는다. 가족관계에 대해서도 마찬가지이다. 예컨대, 한국 사회에는 자녀가 학교에서 문제를 일으키면 부모가 책임감을 느껴야 한다는 믿음을 가진 사람들이 많다. 이러한 사회적 믿음은 가족구성원 간에도 공유되어서 부모와 자녀 간의 상호작용 행동에 영향을 미치게 된다.

'정상적 가족' '좋은 부모상' '착한 자녀상' 등으로 사회 전반적으로나 특정 가족 내에 공유되는 믿음들은 가족구성원들의 상호작용이 원만히 이루어질 수 있도록 방향을 제시하고 가족체제를 유지하는 순기능이 있다. 그러나 때로는 그러한 믿음이 지나친 극단으로 치우치고 가족구성원의 건강한 발달과 적응을 저해하는 압력으로 작용하는 경우에는 문제가 된다. 그 대표적인 경우를 역기능적인 가족신화에서 볼 수 있다. 뒷받침해 주는 증거가 없음에도 불구하고 구성원들이 공유하는 믿음을 신화라고 부르는 것처럼, 가족신화(family myth)란 가족체제에 속한 모든 구성원이 가족관계에 대해 의심 없이 갖는 기대와 믿음을 말한다(Kradin, 2009). 다음에 대표적인 역기능적 가족신화를 제시한다.

- 극장 가족: 가정이란 가족구성원들이 각각의 연기를 경연하는 극장이라고 믿는 것이다. 극장 가족신화의 믿음을 가진 가족은 항상 관객(외부인들)을 의식하면서 관객의 갈채를 받기 위해서 열심이다. 멋진 연극을 하려고 노력하면서 가족구성원 간의 단결심이 강해진다. 모든 구성원이 기능을 잘하고 있을 때는 서로 자랑스러워하고 정서적 지지도 잘 이루어진다. 그러나 어떤 구성원의 기능이 잘 안 될 때 극장 가족신화는 문제를 초래한다. 즉, 극장의 구성원 중 누군가 연기를 잘못하면 자신들의 연극이 낮은 평가를 받게 된다는 생각에, 어려움에 빠져 있는 구성원을 돕기보다는 비난하게 된다는 점에서 역기능적이다.

- 요양소 가족: 가족 전체가 불안감이 강하고 언제나 누군가가 병이 나거나 불행에 빠지지 않을까, 상처받지 않을까 걱정하며, 가정은 그런 것을 치유하는 요양소라고 믿는 것이다. 요양소 가족신화의 믿음을 가진 가족은 항상 절대적인 안전을 추구한다. 가족관계에서 갈등을 드러내 놓고 다루지 못하고 안전한 상태에만 머무르려고 하여 발전할 기회를 스스로 포기하는 경향이 있다. 또한 가족관계에서는 구성원 간에 불만족과 갈등이 때때로 발생하는 것이 정상인데, 그러한 불만족과 갈등을 제때에 다루지 못하고 회피하게 되어 문제가 다루기 힘들만큼 악화되어 버릴 수 있다는 점에서 역기능적이다.

- 요새 가족: 가족이 전쟁터에 만들어진 요새 속에서 살고 있다고 믿는 것이다. 요새 가족신화의 믿음을 가진 가족은 자기 가

족만이 절대적으로 바르며 주위 사람들은 모두 틀리다고 생각한다. 따라서 외부의 세계를 공격하고 비난하며 경멸하는 것으로 가족 간의 단결심을 고취하고 있다. 이웃에 대해 적의와 경쟁심을 가지고 있어서 사회에서 더불어 살아가는 데에 어려움을 겪게 된다. 특히 자녀가 성장하면서 독립의 욕구가 강해지고 또래의 영향력이 강해질 때 부모-자녀관계에 큰 어려움이 발생하기 쉽다. 자녀의 독립 욕구와 또래에 동화되려는 시도를 자연스러운 성장과정으로 받아들이지 못하고, 잘못된 외부 세계에 물들어 가는 위험한 것으로 보기 때문이다.

가족관계에 대한 신념

앞에서 제시한 가족신화는 한 가족체제의 구성원들이 공유하는 믿음으로서 가족에 역기능을 초래하는데, 가족구성원들 각자가 개인적으로 가진 신념도 가족 간 상호작용에 문제를 초래할 수 있다. 개인상담에 대한 지식이 있는 독자는 개인이 가진 비합리적 신념이 부적응을 초래한다고 보았던 Ellis의 상담접근을 기억할 것이다. "반드시 ~~해야만 돼. 그렇지 않으면 끔찍한 일이야."라는 식의 당위적 사고를 비롯한 비현실적 · 비합리적 · 극단적 신념은 개인의 정서 · 행동에 부적응을 초래하는 것과 마찬가지로 가족관계에서도 역기능을 초래한다(Robin & Foster, 1989). 가족관계에 역기능을 초래하기 쉬운 대표적 신념들의 예는 다음과 같다.

- 완벽주의: "완벽한 부모가 되어야 한다." "자녀는 절대로 부모를 실망시켜서는 안 된다."
- 공정함: "부모는 자녀들을 항상 공평하게 대해야 한다."
- 파멸(비극화): "아이가 지금 학교에서 나쁜 또래들과 어울려서 놀러 다니게 되면 그러다가 비행을 저지르게 될 것이고, 학교도 제대로 졸업하지 못하게 되어 결국 인생을 망치게 될 거야." "지금부터 말대꾸를 하는 걸 보면 반항이 갈수록 심해져서 나중엔 부모에게 폭력까지 휘두르게 될 거야."
- 사랑/인정: "내 말을 안 듣는 걸 보면 아이가 날 사랑하지 않는 거야." "엄마 아빠가 날 사랑한다면 내가 원하는 걸 들어줘야 돼."
- 복종: "자녀는 항상 부모에게 순종해야 돼."
- 자기비난: "아이가 공부를 잘 못한다면 그건 엄마인 내 탓이야."
- 악의: "저 애가 내 속을 뒤집어 놓으려고 일부러 못 들은 척 딴청을 피우는 거야." "내가 아빠 말대로 안 했다고 아빠가 누나에게만 용돈을 더 준 거야."
- 자율성: "이제 나도 중학생이 되었으니 엄마 아빠는 내 인생에 간섭하면 안 돼."

가족관계에 대한 비현실적·극단적인 신념들뿐 아니라 가족구성원 간에 가족관계에 대한 신념에서 큰 차이가 있을 때도 가족관계에 문제가 생길 수 있다. 물론 가족구성원들은 나름 독립된 개인(하위체제)이므로, 가족관계에 대한 신념에서도 어느 정도의 차이는 당연히 있기 마련이며 건강한 가족은 서로의 의견 차이를 인정하고 관계를 조정하며 유지해 나간다. 그러나 그 차이가 지나치게 커서 서로 조정하기 어려울 정도라면, 갈등이 심화되거나 관계가 단절되는 결과를 낳을 수 있다.

 사례에 적용해 보기

    초등학교 5학년인 철수는 어머니가 자신과 동생을 차별하는 것이 가장 큰 불만이다. 교사가 어떤 점에서 차별이 있다고 생각하는지 묻자, "내가 공부할 때 동생은 TV도 보고 게임도 하며 놀고 있는 게 제일 차별이라는 생각이 들어요." 라고 답하였다. 어머니가 "너는 5학년이고, 동생은 아직 유치원생이잖아. 동생은 아직 어려서 공부보다 놀기를 더 해야 한다고 말해 주었잖아. 너도 어렸을 때는 많이 놀았어."라고 하자, "그래도 나는 내가 공부할 때 동생이 놀고 있으면 차별받는다고 생각해요."라고 주장하였다. 교사가 공부와 관련된 것 외에 더 차별받는 것이 있는지, 혹시 동생이 차별을 받는 건 없는지 묻자, 잠자는 시각이나 용돈, 군것질 등은 모두 동생과 자기가 똑같이 공평하며, 싸웠을 때도 똑같이 혼나고 다른 차별은 없다고 대답하였다.

    교사가 "너는 방에서 공부하고 있는데 동생이 노는 소리가 들릴 때 어떤 기분이 드니?"라고 묻자, "부럽고, 나도 놀고 싶고…… 공부하기 싫어져요."라고 답하였다. "그래, 너도 놀고 싶은데 못 놀아서 속상하고 억울했구나. 그래서 부러운 마음을 차별받는다는 말로 표현한 것 같다는 생각이 드네?"라고 하자 "네, 그런 거 같아요……. 그래도 내가 공부할 때 동생은 책이라도 보고 나중에 나랑 같이 놀아야 된다고 생각해요."라고 반응하였다.

⇒ 철수가 부모에 대해 가지고 있는 불만에는 "엄마 아빠는 나랑 동생을 항상 공평하게 대해야 돼."라는 공정성과 관련된 신념이 기저에 자리 잡고 있음을 보여 준다. 초등학교 5학년인 자신과 유치원생인 동생은 5년의 연령차가 있음에도 불구하고 부모가 공평하게 대해야 한다고 믿고, 잠자는 시각, 용돈, 군것질, 혼내는 것 등에서 부모가 똑같이 대한다는 것은 그러한 믿음에 대해 부모가 상당 부분 동의한 결과라 할 수 있다. 더 나아가서 공부에 대해서도 공평해야 한다고 믿고 자기가 공부하는 동안에는 동생도 놀면 안 된다는 생각을 보이고 있다.

가족상담의
과정과 기법

제3부에서는 학교 현장에서 학생과 그 가족을 이해하고 돕기 위해 유용한 가족상담의 과정과 기법들을 설명한다. 교사와 학교상담자가 상담을 진행하는 주된 목표는 학생을 돕기 위한 것이며, 학교 현장에서의 상담은 병원이나 독립된 가족상담기관에서 이루어지는 상담과 동일한 형태로 이루어지기 어렵다.

따라서 여기에서는 제2부에서 학습한 가족상담의 주요 개념에 대한 이해에 기반하여 가족상담의 과정과 기법을 어떻게 학교 현장에서 구체적으로 적용하고 응용할 수 있는지에 초점을 맞추어서 제시한다. 실제로 보호자상담 및 가족상담을 시작하는 단계부터, 학생과 가족을 이해하고 평가하는 방법 및 변화를 돕기 위해 교사가 활용할 수 있는 다양한 개입의 방법을 소개한다.

제9장

•

상담의 시작

학교에서의 상담은 주로 교사가 먼저 학생을 위한 상담의 필요성을 느끼는 것에서부터 출발한다. 교사가 부모를 상담에 초대하는 것부터 상담과정은 이미 시작된다고 봐야 한다.

이 장에서는 교사가 부모에게 상담을 권유하는 방법과 주의할 점, 보호자상담을 가족상담으로 확대하는 방법, 상담을 시작하여 문제를 정의하는 방법을 살펴본다. 학생과 부모의 동기를 높이고 실제적인 도움이 될 수 있도록 상담 초기에 목표를 설정하는 방법도 제시한다.

앞에서 설명한 가족상담의 특징 및 개념을 실제로 적용하는 상담 과정과 형태는 다양하게 이루어질 수 있다. 일부 가족상담자는 가족구성원 전체가 상담에 참여하는 것이 매우 중요하다고 여기지만, 일부 가족상담자는 자녀에게 문제행동이 있어서 상담을 시작하는 경우에도 부모만 먼저 상담에 참여하는 형태로 시작하여 점차적으로 자녀들의 참여도 더해 가는 접근을 택하기도 하며, 일부 가족상담자는 그 반대의 과정을 택하기도 한다. 심지어 1인의 가족구성원을 대상으로 가족상담을 진행할 수 있다고 보는 접근도 있다. 따라서 학생을 돕기 위해서 학교 현장에서 가족상담을 적용하려는 교사(상담자)는, 가족상담을 특정한 상담 형태로 간주하여 전형적 과정을 따르려 하기보다는 가족상담의 개념과 기법을 다양한 상담 형태에 적용한다는 입장으로 융통성 있게 접근하는 것이 바람직하다.

학교에서의 상담은 크게 나누어 볼 때 두 가지로 시작된다. 학생이나 부모가 교사(상담자)에게 먼저 도움을 요청하는 경우와, 교사가 학생을 위한 상담의 필요성을 느껴서 학생과 부모에게 상담을 권고하는 경우이다. 학교 현장에서는 전자보다 후자가 훨씬 많고, 교사가 먼저 상담을 권고하는 후자의 경우는 상담을 진행하기가 더 까다로울 것이다. 따라서 이 장에서는 후자의 경우를 중심으로 학생과 부모를 상담에 초대하고 시작하는 과정을 설명한다.

상담에 초대하기

가족상담기관에서는 상담을 원하는 내담자가 있을 때, 어떤 가족구성원들이 상담에 참여할 것인지를 상담자의 이론적 입장에 따라서, 또 문제의 특성과 가족의 관심 및 관여 정도, 상담에 대한 가족구성원의 태도 및 참여 가능성 등 다양한 점을 고려하여 상담자가 제안을 한다. 상담을 신청하는 사람이 볼 때 문제가 무엇이며 얼마나 오래 되었다고 생각되는지, 다른 가족구성원들은 문제가 무엇이라고 생각하는지, 어느 가족구성원이 문제에 가장 깊이 관여하거나 걱정하고 있는지, 다른 가족구성원들은 어떤지, 상담의 필요성은 누가 느끼고 제안했으며 다른 가족구성원은 그에 대해 어떻게 여기는지 등 문제와 관련한 정보 및 관점들뿐만 아니라 상담에 누가 기꺼이 오려고 하겠는지, 상담시간에 올 수 있는지 등 현실적 상황 등도 고려하여 제안하는 것이다.

학교 현장에서 교사(상담자)가 학생의 가족구성원 전체를 상담에 참여하도록 제안하기에는 현실적인 제약이 많을 것이다. 또한 "학생의 문제해결을 위하여 가족상담이 필요하다." "가족상담을 위하여 부모, 학생, 형제자매 등 모든 가족구성원이 다 같이 상담에 오는 것이 필요하다."라는 식으로 권고한다면, 자칫 교사가 "문제아동(청소년) 뒤에는 문제가정(문제부모)이 있다."라는 사회적 통념을 가지고 상담을 권하는 것이라는 오해를 살 위험이 높다. 부모가 그렇게 오해하게 되면 부모의 긴장과 거부감을 키우게 되어서, 어떤 형태의 상담이건 아예 상담 자체가 이루어지지 못하게 될 수도 있다.

이러한 점들을 고려할 때, 학교 현장에서는 교사가 부모에게 보호자상담을 권유하는 방식으로 상담에 초대하되, 부모 중 한쪽만 상담에 오기보다는 부모 양쪽이 함께 와서 상담을 하도록 권유하는 방식이 좋을 것이다. 부모가 상담 초대에 응하여 보호자상담이 시작된 연후에, 그에 더하여 학생 자신이나 때로는 다른 가족구성원(학생의 형제자매)도 필요시에 함께 상담에 참여할 수 있는 가능성을 타진하는 방식으로 진행하는 것이 적절해 보인다.

물론 교사(상담자)가 부모 한쪽과 통화하면서 부모 양쪽이 함께 와서 상담을 하자고 권유할 때[1], 선뜻 그러겠다고 답하는 부모는 많지 않을 것이다. 대부분의 경우 "왜 둘이 함께 상담을 해야 하죠?"라는 질문을 하거나, 배우자는 바빠서 시간을 내기 어렵다거나, 자녀교육은 자신에게 맡겨져 있고 배우자는 별로 관여하지 않기 때문에 혼자 상담하러 오겠다는 반응을 많이 보인다. 그럴 때는 "부모님은 학생에게 매우 중요한 분들로서 어떤 식으로든 큰 영향을 주고 있고 또 영향을 줄 수 있는 분들입니다. 따라서 두 분을 함께 만나 학생에 대한 두 분의 생각·느낌·바람 등을 함께 얘기하며 학생을 도울 수 있는 방안도 함께 의논하면 훨씬 더 효율적일 수 있습니다."라는 요지로 설득해 본다.

직장 일로 인해 시간을 내기 어렵다고 하는 경우에는 상담시간을 조정해 보거나, 그래도 시간을 맞추기 어렵다면 시간을 낼 수 있

---

1) 부모가 함께 자녀를 양육하는 일반 가정의 경우에 해당한다.

는 쪽의 부모와만 상담을 시작할 수밖에 없을 것이다. 그러나 시간을 맞추기 어렵다는 부모 측과 교사가 전화로라도 이야기를 나눠 보는 것도 때로는 학생의 문제해결을 위해 의외로 큰 도움이 될 수 있다는 것이 필자의 경험이다. 교사나 상담자를 찾아오거나 교사 측에서 먼저 연락을 취하는 부모는 어머니인 경우가 많은데, 어머니의 말에 의하면 아버지가 자녀교육에 비협조적이거나 관여 부족인 것 같아서 아예 상담에 참여하지 않을 것 같았지만 상담자가 직접 통화를 시도하여 이야기를 나눠 보면 의외로 자녀를 위해서 상담에 참여하겠다는 의사를 선뜻 밝히는 경우들도 많았다.

예전에 비해서 자녀교육에 적극적인 아버지들이 훨씬 많아지긴 하였지만, 전통적으로 어머니의 역할로 여겨지던 자녀교육 영역에 아버지가 참여하는 것을 쑥스럽게 여기거나 망설이는 아버지들이 아직도 많이 있다. 그러므로 교사가 미리 포기하지 말고 부모가 함께 상담에 참여하도록 권유할 수 있는 방안을 다각도로 모색해 보는 노력이 필요하다. 그동안 교사와 후배상담자들을 수퍼비전해 온 필자의 경험에 의하면, 부모와의 상담이 이루어지지 않는 중요한 이유에는 교사(상담자)가 학부모상담에 대한 부담을 크게 느껴서 회피하고 싶은 동기도 포함되어 있다. 그러나 한편으로는 용기를 내어 학부모상담을 진행해 본 교사(상담자)들이 결과적으로 많은 보람을 느끼고 앞으로 학부모상담에 좀 더 적극적으로 임하겠다는 경우도 많았다.

거의 모든 교사는 학부모상담의 경험이 있을 것이다. 학부모상담을 부모 중 한 사람에게 권고하는 것이나 두 사람이 함께 상담에 오도록 권고하는 것이나 유사하다는 생각으로 접근하면 교사의 부담감이 다소 덜어질 것이다. 그 과정에서 유의할 점도 마찬가지로 적용된다. 즉, 교사의 상담 권고에 대해 부모가 긴장할 가능성이 높다는 점을 기억하고 부모의 긴장과 걱정을 덜어 줄 수 있도록 최대한 배려하는 태도가 필요하며, 상담을 제안하는 이유를 긍정적 방향으로 제시하는 노력이 필요하다(김혜숙 외, 2018).

또한 교사가 학부모상담을 권유하기 위해서 먼저 전화를 하였더라도 교사의 말만 일방적으로 전하는 형식이 되지 않도록 주의해야 한다. 교사가 하는 이야기에 대해서 중간중간 부모가 어떻게 생각하고 느끼는지 질문하면서 부모가 반응할 수 있는 기회를 충분히 주고, 부모가 편안하게 이야기할 수 있도록 교사가 경청하는 자세를 줄곧 견지하여야 한다. 전화통화는 상담에 초대하는 과정일 뿐 아니라 그 자체가 상담의 시작 부분에 해당하는 것이므로, 교사가 부모에게 경청하고 수용과 공감의 태도를 잘 전달하게 되면 그만큼 부모는 학부모상담에 대해 긍정적인 태도를 가지게 되어 교사의 상담 초대에 응할 가능성이 높아진다.

학부모상담의 형태로 부모와 먼저 상담을 시작하는 것에 대해 일부 가족상담 이론가는 우려를 제기할 수 있다. 교사(상담자)의 시각이 부모의 관점에 치우치게 되거나, 교사(상담자)와 부모가 연합하는 것으로 자녀가 지각하게 되어 자녀가 상담을 거부하게 될 우려가 있기는 하다. 반면에 앞에서 제시했듯이 학교 현장의 현실적 제약을 고려해야 한다는 것뿐 아니라 이러한 접근의 이점도 있다.

우선 가족 전체를 상담에 오도록 권유하는 것에 비해 부모의 거부
감이 현저히 줄어든다는 이점뿐만 아니라 보호자로서 또 가족의
리더로서 부모를 존중하고 부부체제 및 부모체제가 제대로 기능할
수 있게 하며, 부모-자녀 세대 간 경계를 뚜렷이 하는 효과를 가져
올 수 있다는 이점도 있다(Freeman, 1992). 또한 부모가 상담을 통
해서 변화하는 모습을 가정에서 자녀가 목도하게 되면 상담에 대
해 자녀가 긍정적인 태도를 갖게 되어 결국 자녀도 상담에 참여할
가능성이 높아질 수 있다.

　부모와 먼저 상담을 하다 보면 자녀의 참여를 자연스럽게 권유
할 수 있는 계기를 찾을 수 있다. 자녀와 대화가 잘 안된다거나 자
녀가 부모 말을 잘 안 듣는다거나 반항적이라는 등 부모-자녀관계
에 대한 어려움을 호소하거나 불평할 때뿐만 아니라 자녀의 문제
를 해결하기 위한 부모의 노력들에서 자녀의 관점이 적절히 고려
되지 못하였던 경우, 부모의 지도방식이 자녀에게 미치는 영향에
대한 부모의 인식에 점검이 필요한 경우 등에서 자녀의 참여를 권
유할 수 있다. 특히 학교 현장에서 교사가 부모와 상담을 할 때의
초점은 학생에게 맞추어져 있는 경우가 대부분이기 때문에 이러한
주제는 쉽게 나타난다.

예1

어머니: 요즘 아이에게 말을 걸어도 대꾸도 잘 안 하고 자기 방에만 틀어박혀 있
어요. 자기 동생과는 말을 하는데, 엄마 아빠에게는 말을 안 해요. 대화를 해 보
려고 해도 별 소용이 없어요.

상담자: 어머님이 영주와 대화가 잘 안되어서 많이 힘드시군요. 아버님은 어떻게 보시나요?

아버지: 저는 평소에도 말수가 적고 애들과도 대화를 많이 안 하는 편이라 그리 큰 차이는 모르겠는데, 아내는 애들과 잘 지내다가 올해 들어서 영주가 부쩍 달라지니 힘든가 봅니다. 그냥 좀 놔둬 보라고 해도 그게 잘 안되나 봐요.

상담자: 영주와 요즘 대화가 잘 안된다는 점에 대해서는 두 분이 비슷하게 보시지만, 어떻게 대처해야 할지에 대해서나 힘들게 여기시는 정도는 차이가 있는 걸로 보이는군요. 혹시 상담시간에 영주도 함께 와서 영주의 생각도 들어 보고 영주와 대화가 좀 더 잘 되는 방식을 함께 찾아보면 어떨까요? 새로운 대화의 형태도 시도해 볼 수 있겠지요.

예2

아버지: 우리 애가 학교에서 왕따를 당한다니까 정말 화가 나지요. 왕따 시키는 애들에게도 화가 나지만, 왜 왕따를 당하고만 있는지 바보 같아 보이고 속상해서 가끔 애한테 그럴 거면 학교를 관두라고 소리를 지르게 돼요.

어머니: 사실 집에서도 인화가 좀 짜증나게 굴긴 해요. 눈치도 없는 편이고 해서, 솔직히 저도 "네가 그러니까 집에서도 왕따지."라는 말을 하게 돼요. 그러지 말아야지 생각하면서도 그렇게 되네요. 우리 집엔 그런 사람이 없는데 애가 누굴 닮아서 그런지 모르겠어요.

상담자: 부모님 두 분 다 인화가 학교에서 친구들 사이에서 겪는 어려움을 안타까워 하시면서도 속상한 마음을 아이에게 표현하시곤 후회하시는 듯합니다. 부모님의 마음을 인화는 어떻게 생각하고 있다고 보시는지요?

아버지: 철없는 애가 부모 마음을 어떻게 알겠어요? 그냥 자기 혼내는 줄로만 생각하겠지요.

상담자: 부모님이 어떤 마음에서 그런 말씀을 하시는지에 대해 인화는 어떻게 생각하는지, 또 그럴 때 인화의 마음은 어떤지에 대해서 인화와 함께 이야기해 보는 시간을 가지면 좋겠다는 생각이 듭니다. 다음 상담시간에 인화도 초대해서 함께 이야기를 나눠 보면 어떻겠습니까?

학부모상담 형태로 진행하다가 학생까지 함께 참여하는 상담 형태로 확장하는 것은 비교적 어렵지 않게 이루어질 수 있을 것이다. 그렇다면 학생의 형제자매까지 함께 모든 가족구성원이 참여하는 형태로 확장하는 것은 어떨까? 가족상담접근 중에는 '문제가 없는, 잘 자라고 있는 형제자매' 없이 '문제를 보이는 자녀(IP)'와 부모만 상담에 참여하도록 하는 것은 적절치 않은 접근이므로 피하는 것이 좋다고 여기는 입장도 있다. IP와 부모만 상담에 오도록 하면 'IP 자체가 문제'라는 시각을 상담자가 처음부터 인정하는 것이나 마찬가지이고, 가족관계의 문제로 관점을 바꾸기 어렵다는 우려에서이다.

그러나 학교 현장에서 진행되는 상담은 어떤 형태로 이루어지건 어차피 해당 학생에게 초점을 맞춘 상담이기 때문에, 외부 가족상담기관에서 '문제 자녀'와 부모만 상담하는 경우와는 다르게 지각될 수 있다는 점에서 그런 우려가 덜하다고 볼 수 있다. 그러므로 학부모상담 및 학생이 함께 참여하는 상담이 진행되는 과정에서 다른 형제자매와 밀접히 관련된 주제가 거론되는 경우이거나 모든 가족구성원이 함께 시도해 볼 만한 변화를 다루는 경우가 아니라면, 학교에서 형제자매까지 함께 상담에 참여하는 것은 일단 현실적으로도 어렵고 교사에게도 지나친 부담을 지우는 일이므로 굳이 권장할 일이 아니라고 본다.

상담 시작하기

부모 양쪽이 다 참여하는 학부모상담의 형태로 실제 만남이 시작된다면 상담 초기에 어떤 점들을 다루어야 하고 유념해야 할지 살펴보자. 학교에서 교사가 부모와 상담을 하게 될 때는 흔히 사교적인 이야기로 시작하는데, 초반의 간단한 사교적 이야기는 부모와 교사의 긴장을 풀어 주는 효과가 있어서 도움이 된다. 다만 부모가 사교적 이야기를 하러 학교에 귀한 시간을 들여서 찾아온 것은 아니므로, 너무 길어지지 않도록 한다.

부모와 교사가 상담을 하는 것은 학생 때문이므로, 상담의 시작도 학생에 관하여 이루어지는 것이 자연스럽다. 교사가 전화로 부모를 상담에 초대하였다면, 상담의 이유 및 동기에 관하여 부모가 가진 생각과 느낌을 알아보는 것으로 시작할 수 있다.

예

- "제가 전화로 부모님과 상담시간을 갖자고 요청드린 데 대해서 많은 생각과 느낌이 드셨을텐데, 그에 관해 듣고 싶습니다."
- "이렇게 상담에 오시도록 해서 걱정하지는 않으셨는지 염려됩니다. 어떠셨는지요?"

교사의 질문에 아버지와 어머니 중 어느 쪽이 먼저 답을 하는지, 답을 하기 전·중·후에 어떤 비언어적 의사소통이 이루어지는지도 관찰한다. 만약 한쪽 부모만 답을 하고 다른 쪽 부모는 가만히 있는다면, "아버님(어머님)은 어떻게 생각하시는지요?"와 같이 다시 질문을 해 줌으로써 부모 양쪽이 다 대화에 참여할 수 있도록 돕는다. 이를 통해 부모가 상황을 어떻게 보는지를 파악하는 동시에, 부모 각각과 의미 있는 정서적 연결이 이루어질 수 있도록 노력한다. 부모 각각이 보는 상황, 그에 관련된 느낌, 생각, 바람 등을 교사가 경청하며 공감적으로 이해하는 반응을 보임으로써 부모 양쪽이 다 교사에게 존중받고 이해받는다는 느낌을 가질 수 있도록 해야 한다. 양가감정이나 혼돈, 저항 등이 있는지도 확인하고 인정하는 것도 필요하다.

필요시 교사가 상담 초대의 이유를 다시 자세하게 설명하고, 그에 대한 부모의 생각과 느낌을 다시 경청한다. 교사가 상담 초대의 이유를 설명할 때는, 학생의 행동·말·성취나 일어난 사건 등을 가능한 한 구체적·중립적인 용어로 제시하도록 주의해야 한다. 교사가 학생을 걱정하고 아끼는 마음과 학생의 어려움이 해결되도록 돕고자 하는 마음이 전해지도록 하되, "학생이 문제이다." "학생의 이러저러한 점이 문제이다."라는 식으로 단정적으로 말하지 않도록 조심해야 한다.

교사가 제시한 상담 초대의 이유에 대해서 부모가 "별거 아닙니다."라는 식의 반응을 보이더라도 교사의 견해를 부모에게 강요하려 하지 말고, 그러한 반응을 보이는 부모의 마음을 공감적으로 이해해 보려고 노력해야 한다. 자녀에게 어려움이나 문제가 있다고 인정하게 되면 자신이 부모로서 부족하다고 인정하는 것과 마찬가지라고 느껴서? 교사가 비난할까 봐 두려워서? 사건에 관련된 다른 부모의 반응이 걱정되어서? 실제로 아이에겐 아무 문제가 없다고 생각되어서? 어차피 아이는 변화하지 않을 거라 생각되니 공연히 시간낭비인 것 같아서? 크면 다 나아질 거라 생각되어서? 그냥 이 자리를 빨리 피하고 싶어서? 아이 때문에 부부갈등이 심화될까 봐 두려워서? 등과 같이 부모 반응의 이면에는 많은 이유가 있을 수 있다. 교사의 수용적이고 공감적이며 진정성 있는 태도만이 부모로부터 교사와 함께 자녀에 대해 함께 의논하고 협조하려는 태도를 이끌어 낼 수 있다.

자녀에게 어려움이 있다거나 자녀가 문제라고 부모가 지목한다면, 즉 '학생에게 문제가 있다'고 부모가 인정한다면 상담의 중요한 과정이 시작될 수 있다. 가족상담의 주요 개념들을 보호자상담에 적용하여 '문제'를 정의하고, 또 재정의하는 과정을 시작하는 것이다.

'문제를 정의'한다는 것은 학생의 문제(어려움)가 가족(특히 부모)에게 어떻게 문제가 되는지를 파악한다는 뜻이다. 즉, 학생 개인의 문제로만 단정하지 않고, 또 어느 한 구성원의 문제로도 단정하지 않으며, 가족관계의 관점, 상호작용적 언어로 규정할 수 있도록 탐색하는 것이다. 문제에 대한 관점과 반응을 탐색하되, 학생의 문제가 가족구성원 각각에게 어떻게 문제가 되는지를 질문하게 되면 문제를 상호작용적 관점으로 볼 수 있게 된다. 또한 문제에 어떻게

대처해 왔고 해결을 위한 노력에는 어떤 것들이 있었으며 그 효과
는 어떠했는지, 문제에 대한 과거의 생각과 현재의 생각에 달라진
점이 있는지 등 문제의 맥락도 살펴본다.

예

- "철수가 공부에 대해 흥미가 없고 무기력하게 느끼는 것이 제일 큰 문제라고
  여기시는 것으로 보이는데, 철수의 그런 점이 어머님과 아버님께는 어떤 식으
  로 문제가 되는지 궁금합니다."
- "철수가 어려움을 겪는 것 때문에 부모님도 힘드실 것 같습니다. 어떤 점이 특
  히 힘드신지 말씀해 주실 수 있을까요?"
- "언제부터 철수에게 어려움이 있다거나 문제가 있다고 여기셨습니까?"
- "철수가 어려움을 겪는다고 생각하셨을 때 부모님께서는 어떻게 대처하셨는지
  요? 또 그 결과는 어떠했는지 궁금합니다."
- "철수에게 문제가 있다고 처음 생각하셨을 때와 지금을 비교하면 어떤가요?"

앞의 예와 같은 질문을 활용하여 학생의 문제를 가족관계의 관
점으로 정의하는 과정에서 교사 자신도 학생이나 가족을 비난하지
않도록 주의할 뿐 아니라 부모가 학생이나 특정 가족구성원 탓이
라며 비난하는 반응을 보일 때 이를 '재정의'할 수 있도록 돕는 것
도 중요하다. 비난을 필요와 바람으로 바꾸는 것이 '문제의 재정의'
이다. 모두에게 잘못이 없음을 내포하는 질문을 하고, 구체적·행
동적·해결 가능한 방식으로 문제를 재정의함으로써 가족이 새로
운 목표와 희망을 가질 수 있도록 도와야 한다.

- "철수는 철수대로 힘들고 부모님도 여러 가지로 많이 힘든 시간을 보내셨네요. 힘들어하는 가족을 위로하기 위해서 어떻게 하시는지요?"
- "철수의 어려움과 관련하여 어머님과 아버님 두 분께서 서로에게 원하는 것이 무엇인지 듣고 싶습니다."
- "어머님이 원하시는 대로 아버님이 하시게 된다면 어머님에게는 어떤 변화가 생길까요?"

상담목표 설정방법

모든 상담이 그렇듯이 학교에서 이루어지는 보호자상담도 그 횟수에 상관없이 상담목표를 가지고 있을 때 효율적으로 진행될 수 있다. 변화에 대한 부모의 기대와 의지를 확인하고 상담을 통해 달성하고자 하는 목표를 부모와 교사가 함께 설정하게 되면 부모의 상담동기도 높일 수 있다. 또한 목표 설정의 과정을 통해서 학생의 문제해결이 가능한 정도를 현실적으로 판단하고 상담목표를 조정함으로써, 보호자상담이 부모와 학생에게 실제적인 도움이 될 수 있다.

1) 변화의 가능성을 볼 수 있게 하는 목표

상담목표 설정을 위해서 교사가 가족(부모)에게 질문을 할 때는 질문 자체에 변화의 가능성이 있다는 의미를 담아서 질문하는 것이 좋다. 예컨대, "그것이 더 이상 문제가 아니게 되었을 때(나아졌을 때) 어머니(아버지, 자녀)는 무엇을 (어떻게) 하고 있을까요?"라는 질문은 "만약 그것이 더 이상 문제가 안 된다면 어머니(아버지, 자녀)는 무엇을 (어떻게) 하고 있을까요?"라는 질문보다 변화의 가능성 쪽으로 부모나 학생의 마음이 향하도록 돕는 효과가 더 크다. "나는 당신이 그것을 해낼 수 있음을 압니다."라는 상담자의 뜻을 말하지 않고 전달하는 것과 마찬가지이다. 학생이나 부모가 아주 미약하거나 드물게나마 하고 있었던 행동이나 상황이 좀 더 자주 생기도록 목표를 설정하는 것도 변화의 가능성을 희망적으로 볼 수 있게 해 준다. 이와 같은 교사의 태도를 통해서 부모가 긍정적 변화의 가능성을 볼 수 있게 하면 부모의 상담동기와 변화를 위한 의지를 강하게 할 수 있다.

예1

- "원하는 바가 이루어졌을 때 그걸 어떻게 알 수 있을까요?"
- "부모님과 제가 함께 이야기한 것이 도움이 되었을 때 대호에게 뭐가 달라져 있을까요?" "부모님에게는 뭐가 달라져 있을까요?"
- "상담이 도움이 되었을 때 대호 친구들이 뭐가 다르다고 느낄까요?"

예2

어머니: 대호는 어쩔 때는 조금 나아지는 듯하다가도 꼭 도로 나빠지곤 해요. 어떻게 해야 아이가 괜찮아질지 모르겠어요.

교사: 대호가 조금 나은 듯했던 그때는 어떠했는지 좀 더 말씀해 주실 수 있을까요? 그때는 뭐가 달랐을까요? 어떻게 그때는 조금 나아질 수 있었을까요?

2) 학생과 부모 자신의 목표

보호자상담 및 가족상담에서 설정하는 목표는 교사가 원하는 목표가 아닌 학생과 부모의 목표로 설정되어야 효과적이다. 교사가 학생을 위하여 상담목표를 설정하려고 하더라도 그 목표가 부모 및 학생이 느끼기에 정말 자신들이 원하는 것이라는 생각이 들어야 변화를 위해 적극적으로 노력할 것이기 때문이다. 일반적으로 사람들은 상황이 나아지기를 바라며 일이 잘 되어 가기를 바라지 문제에 파묻혀 지내기를 바라지 않는다. 다만 학생과 부모가 '잘 되는 것'이나 '원하는 것'이 어떤 상태를 의미하는지를 교사가 그냥 안다고 가정하는 것이 아니라 명확하게 이해하도록 해야 하며, 그것이 상담목표 설정에 반영될 수 있어야 한다.

예

- "이 시간을 통해서 어머님과 아버님께서 얻고 싶은 것을 하나씩만 말씀하신다면, 어떤 것일까요?"
- "오늘 철수의 어려움, 또 부모님께서 힘드셨던 점들을 저와 이야기하면서 철수와 부모님께 어떤 변화가 일어났으면 하고 기대하시는지 궁금합니다."
- "부모님께서 어렵게 시간 내셔서 오신 만큼, 제가 도움이 되고 싶습니다. 저와 이렇게 상담하신 후에 이 상담시간이 보람 있었다고 느끼실 수 있으려면, 무엇이 필요하시겠습니까?"

학생에게 문제가 있다고 학생 스스로나 부모가 지각한다면 그 문제를 없애고 싶은 바람을 목표로 삼거나, 문제해결을 넘어서 학생이나 가족관계가 더욱 성장하기를 목표로 삼을 수 있을 것이다. 그러나 가족구성원들이 항상 동일한 목표를 지향하는 것은 아니다. 일부 구성원은 문제해결을 넘어 보다 높은 수준의 성장지향적 목표를 달성하기 원하는 반면 다른 구성원은 문제해결이면 족하다는 입장을 취할 수도 있다. 그럴 때는 서로 목표가 다르다는 것을 교사(상담자)가 대립적으로 강조하기보다는, 서로 다른 목표의 공통 방향을 찾거나 단계적인 목표 설정의 가능성을 제안하는 것이 좋다.

예

> **어머니:** 대호 아빠가 일에 너무 몰두하는 걸 좀 줄이고 대호와 가족에게 좀 더 많은 관심을 주고 시간을 보냈으면 좋겠어요.
>
> **아버지:** 저는 뭘 많이 바라지도 않고, 그냥 대호가 학교를 빠지지 않고 다니면 만족합니다.
>
> **교사:** 아버님이 바라시는 대로 대호가 학교를 잘 다니게 된다면 어머님이 원하시는 방향으로 갈 수 있을 거란 생각이 드는데, 어떻게 보십니까?
>
> **아버지:** 대호가 학교에 잘 다니면 집안도 좀 조용해지고 저도 가족과 좀 더 많은 시간을 보낼 수 있겠지요.

3) 구체적이며 달성 가능한 목표

상담목표는 현실적으로 달성 가능한 것으로, 또 가능하다면 측정 가능한 구체적인 것으로 설정하는 것이 좋다. 따라서 부모나 학생이 원하는 것을 추상적이고 모호한 말로 진술할 때, 교사는 이를 구체화하기 위한 질문을 사용할 필요가 있다.

- "현미의 학습방법이 만족스러울 정도로 습득되고 학습 능력도 바라는 만큼 향상되었다는 것을 어떻게 알 수 있을까요?"
- "현미와 아버님의 관계가 좋아졌다는 것을 어떻게 알 수 있을까요?"
- "구체적으로 현미가 어떤 행동을 보이면, 또 아버님이 현미의 행동에 대해 어떤 반응을 보이면 좋은 관계라고 볼 수 있을까요?"

해결중심상담에서 제안되었던 척도질문(Berg & Dolan, 2001)은 목표를 구체화하는 데 많은 도움을 준다. 척도질문은 문제의 파악과 목표 설정 및 동기 유발 모두에 도움이 되는데, 특히 구체적 행동으로 상담목표를 설정하기 어려운 경우 현재의 상태와 바라는 상태를 척도상에 평정해 보도록 하면 효과적이다. 척도질문은 바라는 방향으로의 변화를 자연스럽게 받아들이게 하는 효과가 있다. 0부터 10까지의 척도를 제공하면, 0이나 1의 상태뿐만 아니라 5, 3, 10, 6의 상태들도 있음을 의미하기 때문에 목표하는 방향으로의 움직임, 즉 변화 가능성을 시사하는 것이다. 그래서 부모 및 학생의 동기가 유발되고 변화과정을 촉진할 수 있게 된다. 이러한 효과를 높이기 위해서 일반적으로 척도상의 낮은 숫자는 덜 바람직한 상태를, 그리고 높은 숫자는 더 바람직한 상태를 나타내도록 한다.

> **예**
>
> "자, 0에서 10까지 척도가 있다고 하지요. 0은 현미와의 관계가 가장 나쁜 경우를 나타내고, 10은 현미와의 관계가 더 이상 좋을 수 없이 가장 좋은 경우를 나타낸다고 보겠습니다. 지금 아버님과 현미의 관계는 어디쯤에 있다고 보십니까? 그리고 어디쯤에 도달했으면 하고 바라십니까?"

척도질문을 사용하면 목표를 점진적으로 설정함으로써 달성 가능성을 높이는 데도 도움이 된다. 최종적으로 바라는 목표를 설정한 다음, 점차적으로 최종목표에 다가가도록 중간목표를 설정함으로써 변화에 대한 기대를 높이고 달성 가능성도 높일 수 있다. 예컨대, 척도상으로 현재 2에 있고 최종목표를 9로 잡을 때, 2에서 3, 4로 올리는 것부터 시작해서 점차적으로 9까지 올리겠다는 목표를 세운다면 이 목표는 현실적이면서도 긍정적이고 점진적인 특징을 갖고 있어서 변화를 촉진하는 데 많은 도움이 된다.

> **예**
>
> **교사:** 영수가 어머님 마음에 들지 않는 행동을 할 때 화를 참지 못하는 것을 안타깝게 여기시고, 화를 좀 더 잘 다스릴 수 있게 되기를 바란다고 말씀하셨지요. 어머님이 현재 화를 다스리시는 정도를 0부터 10까지의 척도에서 2 정도라고 보시는데, 어느 정도까지 되었을 때 이만하면 괜찮다는 생각을 하실 수 있을까요?
>
> **어머니:** 10까지 되면 좋겠지만 그렇게까지는 어려울 것 같고 7이나 8 정도면 만족할 거 같아요.
>
> **교사:** 그렇다면 7이나 8까지 되도록 노력하는 과정에서, 다음 주에는 어느 정도까지 높이는 걸 목표로 할까요?

어머니: 다음 주에는 3이나 4 정도까지 높일 수 있을 거 같아요.

교사: 다음 주에 3이나 4가 되기 위해서 어머님이 하실 수 있는 게 뭐가 있을까요?

제10장

•

가족의 이해와 평가

제2부에서 학습한 가족상담의 주요 개념들은 모두 교사가 학생과 가족을 이해하는 데 유용하다. 다양한 개념을 활용하여 여러 관점에서 학생과 가족을 볼 수 있을 때 포괄적인 평가가 이루어질 수 있을 것이다.

이 장에서는 행동의 상호작용 패턴, 가족구성원의 신념체계와 발달주기 및 세대 간 연계성 등 세 영역에서 가족을 종합적으로 평가하는 구체적 과정과 방법을 살펴본다.

가족에 대한 이해와 평가가 제대로 이루어지면 가족의 변화를 위해 교사(상담자)가 효과적으로 개입할 수 있으므로, 상담의 초기에는 가족을 이해 · 평가하는 데 상담자의 노력이 집중된다. 그러나 가족평가와 변화개입은 설명의 편의상 구별하여 제시하지만, 사실상 별개의 과정이 아니라 상담의 전 과정에 걸쳐서 동시에 일어나는 과정으로 보아야 한다(Grotevant & Carlson, 1989). 가족평가 과정에서 교사(상담자)의 질문에 대해 가족이 답을 생각하면서 가족관계나 다른 가족구성원 및 문제에 대해 새로이 깨닫게 되기도 하고, 교사가 가족평가를 위해 제안한 행동적 과제를 가족이 수행하면서 새로운 상호작용 방식을 배우게 되기도 하는 등 평가의 과정에서도 많은 변화가 가능하다.

앞의 제2부에서 제시한 가족상담의 주요 개념들은 모두 가족을 이해하고 평가하는 데 유용하다. 이론적 입장에 따라서 그중 어느 한 개념을 집중적으로 사용할 수도 있지만, 학교에서 교사가 학생을 돕기 위해서는 어느 한 개념에만 치중하는 것보다는 다양한 개념을 활용하여 종합적으로 접근하는 것이 좋다고 본다. 따라서 이 장에서는 행동의 상호작용 패턴, 가족구성원의 신념체계와 발달주기 및 세대 간 연계성 등 크게 세 영역에 걸쳐서 가족을 종합적으로 평가하는 과정과 방법을 살펴볼 것이다. 다음에서 영역별 내용과 평가방법을 보다 구체적으로 살펴보도록 하자.

행동의 상호작용 패턴

행동의 상호작용 패턴은 행동으로 드러나는 가족관계와 구조적 특성을 의미한다. 의사소통 패턴, 피드백 과정, 경계 및 위계, 가족 역할, 관여 및 반응양식 등 광범위한 영역에서 가족구성원들 간에 누가 언제 무엇을 하며, 누가 누구에게 반응하는지, 언제 또 어떻게 반응하는지 등을 탐색하고 어떤 상호작용 패턴이 변화해야 하는지를 파악할 필요가 있다. 다음에 제시하는 사항들은 캐나다의 맥매스터대학교(McMaster University)에서 제시한 가족평가모델(Epstein, Bishop, & Levin, 1978), Robin과 Foster가 아동·청소년 가족평가를 위해 제시한 행동-체제모델(Robin & Foster, 1989) 등을 주로 참고한 것으로서, 상호작용 패턴 평가에 유용할 것이다.

1) 의사소통 유형 및 역기능적 대화 형태

가족의 상호작용을 의사소통(언어적 및 비언어적 의사소통)으로 이해하고자 할 때, 그 유형은 명료성과 직접성의 정도에 따라 크게 네 가지로 구분될 수 있다. 즉, ① 분명하고 직접적인 의사소통, ② 분명하고 간접적인 의사소통, ③ 불분명하고 직접적인 의사소통, ④ 불분명하고 간접적인 의사소통으로 구분할 수 있다.

사회문화적 배경에 따라 다소 차이는 있지만, 가족구성원 간의 의사소통이 분명하고 직접적인 유형일 때 역기능적 대화의 발생

가능성이 낮아진다.[1] 의사소통의 주체와 대상, 내용 및 맥락을 부정하는 대화가 어떤 가족구성원 간에 언제 이루어지는지, 구두점의 원리를 적용하면서 상호작용을 파악하는지, 상반된 의사소통이 이루어지는지, 그러한 역기능적 대화가 발생할 때 가족구성원들이 메타대화를 사용할 수 있는지 평가해 볼 필요가 있다.

　가족의 의사소통에 대한 평가는, ① 교사가 질문을 하고 가족이 답을 하는 것과 같이 교사와 가족구성원이 대화를 나누는 과정, ② 교사가 가족구성원 간에 어떤 주제를 놓고 대화를 나누어 보도록 요청했을 때 가족이 보이는 반응을 살펴봄으로써 관찰 가능하다. 의사소통에는 내용메시지와 관계메시지가 함께 들어 있다는 점을 앞에서 설명하였듯이, 가족 간의 의사소통을 관찰하면서 교사(상담자)는 내용메시지뿐만 아니라 관계메시지를 파악하는 데도 관심을 기울여야 한다. 교사의 질문에 대해 누가 어떤 어조와 표정으로 대답하는지, 그럴 때 다른 구성원은 어디(누구)를 어떤 표정으로 쳐다보는지, 언제 다른 구성원의 말을 끊고 들어오는지, 가족 간에 대화를 해 보도록 교사가 요청할 때 어떻게 진행되는지, 말하는 순서는 어떤지, 서로의 말에 대한 반응은 어떻게 나타나는지 등 대화가 이루어지는 과정을 관찰한다. 그뿐만 아니라 상담실에서 자리를 잡는 것과 같은 일상적으로 보이는 행동도 관계메시지를 포함할 수 있다. 누가 먼저 자리를 잡고, 누가 누구 곁에 앉는지, 서로 마주 보는지, 마주 본다면 그때의 표정은 어떤지 등도 가족 상호작

---

1) 제4장을 참고하기 바란다.

용과 관계에 대한 정보를 포함할 수 있다.

2) 의사소통에 나타나는 정서적 반응성과 문제해결력

의사소통에 나타나는 가족의 정서적 반응성과 문제해결력도 유용한 정보이다. 정서적 반응성이란, 주어진 상황과 자극에 적절한 내용과 수준의 정서를 경험할 수 있는 능력을 뜻한다. 즉, 가족이 일상적인 생활 속에서 광범위한 정서를 경험하고 반응할 수 있는지, 또한 경험되는 정서가 상황적 맥락과 자극에 적절하게 부합되는 것인지를 뜻한다.

특히 ① 애정 · 안정감 · 즐거움과 같은 긍정적 정서, ② 두려움 · 슬픔 · 분노 · 우울과 같은 부정적 정서가 가족구성원들에게 어떻게 경험되고 표현되며, 가족구성원의 그러한 경험과 표현에 대해 다른 가족구성원이 어떻게 반응하는지가 중요하다. 인간에게는 긍정적 정서와 부정적 정서가 모두 존재하므로, 가족 내에서 이를 어떻게 경험 · 표현 · 반응하는지가 의사소통 패턴에서 중요한 것이다. 긍정적 정서의 경험과 표현은 인정되고 풍부한 반면 부정적 정서의 경험과 표현은 인정되지 않거나 억압되는 가족도 있고, 부정적 정서는 지나치게 많이 경험되고 표현되는 반면 긍정적 정서의 경험과 표현은 극히 부족하거나 억제되는 가족도 있다. 긍정적이건 부정적이건 정서의 경험과 표현 자체가 매우 억제된 가족도 있다.

가족의 의사소통에 포함된 문제해결력의 파악이 필요한 이유도 유사하다. 즉, 가족은 크건 작건 다양한 문제를 겪으며 살아가게 되는데, 가족, 특히 부모의 문제해결력이 어떠하며 의사소통을 통해서 문제해결력을 어떻게 발휘할 수 있는지가 가족의 건강성을 유지하는 데 중요하기 때문이다. 따라서 부모가 효과적인 문제해결의 과정, 즉 ① 문제를 인식하기, ② 문제에 관해 적절한 대상과 의사소통하기, ③ 문제해결을 위한 다양한 대안 창출하기, ④ 가장 적합해 보이는 하나의 대안을 선택하기, ⑤ 선택된 대안을 실행하기, ⑥ 실행에 대해 검토하기, ⑦ 해결책의 성패를 평가하고 필요하다면 전 단계로 다시 돌아가기 등의 과정에 대해서 얼마나 알고 있고 실제로 행할 수 있는 능력이 얼마나 있는지를 평가해 볼 필요가 있다. 문제해결력과 의사소통 기술이 부족한 가족은 구성원 간의 의견 차이가 미해결된 상태로 남아 있기 쉬워서 갈등이 더욱 심화될 수 있다.

3) 관여의 양과 질

관여의 양과 질은 가족구성원들이 서로의 생각·가치관·감정·활동 등에 보이는 관심 및 배려의 양과 질을 의미한다. 가족구성원 간 경계의 수준과 질에 따라 다음과 같은 관여 형태로 나눌 수 있다.

• 관여 부재: 가족구성원들 간에 서로 전혀 관여하지 않는 수준이다. 서로에게 무관심하고 소원하며 정서적 필요가 충족되지 못한다. 가족구성원 간 상호작용이 거의 없이 경계가 지나치

게 경직되고 격리된 상태이다.

- **정서 없는 관여**: 의무감이나 통제 필요성이 있거나 단순한 호기심이 있을 때에만 서로 관여하고 감정은 배제되어 있는 수준이다. 상호작용의 양이 어느 정도는 있으나 충분하지 않고, 감정이 배제되어 있어서 관여의 질도 양호하지 못하다.
- **자기도취적 관여**: 가족구성원들 간에 서로 다른 구성원을 진심으로 걱정하거나 배려하는 마음에서보다는, 자기 자신의 존재가치를 유지하기 위해 자기중심적으로 관여하는 수준이다. 관여의 양이 부족하지는 않지만, 동기가 자기중심적이기 때문에 건강한 상호작용이라고 보기 어렵다.
- **공감적 관여**: 가족구성원들 간에 서로 다른 가족구성원이 무엇을 진정으로 필요로 하며 어떤 상황에 있는지를 공감적으로 이해하려고 하면서, 배려의 마음으로 관여하는 바람직한 상호작용이 충분히 이루어지는 수준이다.
- **과잉 관여**: 가족구성원들 간에 관여하는 방식 자체는 바람직하나, 관여의 정도가 너무 지나쳐서 구성원 각자의 독립성 유지에 해를 끼치는 수준이다.
- **공생적 관여**: 관여의 정도가 지나쳐서 가족구성원들 개개인의 영역이 침해되고 개인의 발달에 지장을 초래하는 수준이다. 경계가 지나치게 흐린 융해된 상태이다.

4) 행동통제 방식

가족이 현 상태를 유지하거나 새로운 상황에 적응하기 위하여 구성원들 간에 서로 행동에 영향을 주는 피드백 양식을 의미한다. 행동통제의 일관성과 엄격성에 따라 다음과 같은 네 가지 유형으로 나눌 수 있다.

- **경직된 통제**: 행동통제가 엄격하고 일관적이어서 통제가 어떻게 이루어지는지를 예측하기는 쉬우나, 지나치게 경직되어서 건설적이지 못하고 적응력이 낮은 유형이다. 따라서 생활방식이나 역할을 현 상태로 유지하는 데는 도움이 되지만, 가족 구성원들 중 일부가 새로운 발달과제를 수행해야 하는 변화가 필요한 상황에 적응하도록 돕는 데는 효과적이지 못하다. 특히 자녀가 아동후기 및 청소년기에 접어들면서 독립성에 대한 욕구가 커질 때 부모-자녀관계에서 불만과 어려움을 겪을 가능성이 높다.
- **융통적 통제**: 일관성이 있기 때문에 예측도 가능한 한편, 새로운 변화에 적응할 수 있을 만큼 유연하기도 하므로 바람직하다. 따라서 현 상태를 유지하는 기능도 적절히 수행할 수 있으며, 발달적 과제를 수행하고 변화에 적응하도록 돕는 데도 효과적이다.
- **방임적 통제**: 행동통제 방식에 대해 어느 정도는 예측이 가능하지만, 어떤 일을 준비하거나 실행하는 힘이 약하고 우유부단하

여 의사소통과 역할분담에 문제가 생긴다. 부모가 가족의 리더
로서 가진 힘이 부족하여 자녀의 훈육과 지도에 어려움을 겪으
며, 자녀에게 부모가 적절히 관여해야 할 시기를 놓치기 쉽다.

• **혼란된 통제**: 행동통제 방식을 예측할 수 없으며 건설적이지 못
하다. 때로는 엄격하게 통제하기도 하고 또 때로는 방임하기
때문에, 어떤 일이 일어날지 예측할 수가 없다. 통제방식의 변
화가 가족이 처한 상황이나 필요에 의해서 일어나는 것이 아
니라 가족구성원 일부의 기분이나 감정에 의해서 일어나는 경
우가 많다. 자녀를 가장 혼란에 빠지게 하는 통제방식이다.

5) 가족 역할

가족구성원들은 가족이 기능할 수 있도록 하기 위해 어떤 행동
유형을 반복하게 되는데, 이러한 반복적 행동 유형을 역할이라고
한다. 제4장에서 자아존중감이 낮은 가족구성원이 의사소통 방식
을 통해서 맡는 역할을 제시하였는데, 여기에서는 그에 더해서 필
수적인 가족기능 유지를 위한 역할 및 기타 병리적 역할에 대해 제
시한다.

• **필수적인 가족기능을 위한 역할**: 가족기능을 유지하기 위해 필수
적인 물질적 자원을 마련하는 것, 가족을 양육하고 심리적으
로 지원하는 것, 삶의 기본적 기술을 익혀 가족을 유지하는 것
등의 역할을 누가 맡으며, 얼마나 효율적으로 그 기능이 이루

어지는지를 의미한다. 건강한 가족일수록 구성원 각자가 적절
하고 분명하게 역할을 수행하며 그에 따른 책임도 분명하다.
효율적으로 기능하지 못하는 가족은 필수적인 기능이 거론되
지도 않거나 부적절한 구성원에게 잘못 부여될 수 있고, 그 양
도 적절하지 못하며 책무성 또한 불분명하거나 부적절한 경향
이 있다.

• 그 밖의 병리적 역할: 가족구성원 중 한 사람이 희생양이 되는
  것과 같은 역할이 있다면 가족의 병리를 이해하는 데 도움이
  될 수 있다.

6) 가족구성원 간 연합 및 삼각관계

가족체제 내에서 구성원들 간에 협력관계나 상반관계를 가질 수
있다. 어떤 활동이나 목표에서는 구성원들 일부가 서로 협력하기
도 하고 상반된 상호작용을 보이기도 하는 제휴가 일어날 수 있는
데, 연합과 삼각관계는 이러한 제휴의 가장 흔한 형태이다.

• 연합: 두 가족구성원이 다른 한 구성원에 대항하는 제휴관계를
  형성한 것을 말한다. 모든 가족에서 어느 정도의 연합은 일어
  날 수 있다. 그러나 만약 세대 간 연합이 이루어져서 부모-자
  녀 간 위계를 해칠 정도가 되면 문제가 되기 쉽다. 아동·청소
  년이 있는 가족에서 가장 흔한 연합의 문제로는, ① 부모가 자
  녀지도를 위해 힘을 합치지 못하는, 즉 부부간 연합이 지나치

게 약한 경우, ② 자녀와 지나치게 허용적인 쪽 부모 간의 연합이 강하여 좀 더 권위적인 다른 쪽 부모가 세우려는 규칙을 피하거나 무효화하는 방향으로 상호작용이 이루어지는 경우, ③ 자녀가 자신의 바람과 필요를 전달하려는 시도가 지속적으로 무시·처벌받아서 자녀의 자연스러운 발달을 해칠 만큼 지나치게 경직된 부부간 연합 등이 있다.

- **삼각관계**: 서로 상반되는 두 가족구성원이 동일한 제3의 구성원을 각각 자기편으로 끌어당겨 제휴하려는 것을 의미한다. 이럴 때 제3의 구성원은 때로는 이편에 때로는 저편에 제휴하는 식으로 왔다 갔다 하는 경우도 많다. 모든 가족에서 삼각관계가 어느 정도는 일어날 수 있지만, ① 부모 중 한쪽과 자녀가 갈등이 있을 때 각각 다른 쪽 부모의 지지를 얻으려고 지속적으로 시도하거나, ② 부부간의 갈등을 중재하기 위해 양쪽에서 부모가 자녀의 지지를 각기 시도하는 경우 문제가 될 수 있다. 특히 후자의 경우에는 자녀가 부부간 갈등에 끼이게 되므로 자아의 분화발달을 저해하게 된다.

가족구성원의 신념체계

가족의 상호작용 행동 이면에 있는 인지적 요인에 대한 평가를 의미한다. 가족과 관련된 신념체계가 비합리적이거나 인지과정이 왜곡되면, 적어도 두 가지 측면에서 가족의 상호작용에 부정적 영향을 미치게 된다. 첫째, 가족구성원의 경직되고 비합리적인 신념체계 및 잘못된 귀인은 특정 사건이나 주제들에 관해 경직된 행동과 태도로 나타나게 된다. 이러한 경직된 행동과 태도는 문제해결 과정이 합리적으로 이루어지도록 하는 데 지장을 초래하기 쉽다. 둘째, 가족의 상호작용 및 일어난 사건에 대해 왜곡되고 비합리적인 인지과정을 적용하게 되면, 분노나 적대감이 부적절하거나 과잉적으로 나타나기 쉽다. 이러한 부적절하고 과잉적인 분노나 적대감이 나타나면, 관련된 가족구성원들이 전반적으로 적절한 문제해결 능력 및 의사소통 기술을 지니고 있더라도 문제를 차분하게 다루거나 긍정적 의사소통을 하기 어렵게 된다.

1) 공유하는 신념과 주제

가족이 하나의 단위로서 어떤 생각들을 공유하며, 어떤 주제들이 가족의 생각에서 중요하게 자리 잡고 있는지 살펴본다. 앞의 제8장에서 제시한 역기능적 가족신화나 극단적 · 비합리적 신념이 존재하는지 여부뿐만 아니라 가족이 공유하는 생각과 주제를 알아보는 것은 가족을 이해하는 데 큰 도움을 준다.

예

교사는 학교에서 자녀가 좋은 학업성취도를 보이는 것은 모든 부모에게 중요할 것이라고 가정할 수 있지만, 사실상 가족에 따라 학업성취가 가족에게 중요한 주제가 아닌 경우도 꽤 있으며, 학업성취를 중요하게 여기는 이유도 가족마다 다를 수 있다. 어떤 가족은 '성실'이 중요한 주제이고 가치인데 학업성취가 성실성의 중요한 지표라고 생각하기 때문에 학업성취를 중요하게 여긴다. 반면에 어떤 가족은 '다른 사람(혹은 다른 가족)과 비교해서 우월한 것'이 중요하기 때문에, 또 어떤 가족은 '공부를 잘해야 돈을 많이 버는 직업을 가질 수 있다'고 보기 때문에 우수한 학업성취를 중요하게 여긴다.

2) 신념과 위계 및 상호작용 패턴의 관련성

가족구성원들이 가진 생각들에 가족의 위계와 상호작용 패턴은 어떻게 관련되어 있는지 살펴본다. 그러한 생각들에 있어서 가족구성원의 연합이 어떻게 이루어지는지도 가족을 이해하기 위한 귀중한 자료가 된다.

예

중1인 창호, 5학년인 여동생, 그리고 아버지, 어머니로 이루어진 가족의 경우, 어머니는 "다른 사람(가족)과 비교해서 항상 이겨야 하고 우월함을 증명해야 한다."라는 아버지의 신념을 마음속에서는 별로 동의하지 않지만, 사회적으로 높은 지위에 있는 아버지와 전업주부인 어머니의 가족 내 위계에 큰 차이가 있어서 어머니의 신념은 존중받지 못하고 창호와 여동생도 표면적으로는 아버지의 신념을 받아들인다. 그러나 창호의 학업 성적이 6학년 때부터 점차적으로 하락하면서 창호와 어머니는 겉으로는 아버지의 신념에 동의하지만 내면적으로는 "꼭 남을 이겨야 하는 건 아니다."라는 신념을 공유하는 정도가 강해지고, 창호가 아버지에게 반항하는 횟수가 많아지고 반항의 강도가 강해질수록 창호와 어머니는 더욱 강한 연합관계를 형성하게 되었다. 반면에 아버지는 여전히 공부를 잘하는 여동생과 연합을 이루며, 창호와 어머니를 '열등하고 못난 가족'으로 보고 있다.

3) 사용하는 언어가 반영하는 신념체계

가족들이 어떤 언어를 주로 사용하며, 그러한 언어들이 가족의 신념체계를 어떻게 반영하는지 살펴본다. 가족들의 신념체계는 주로 언어를 통해서 드러나게 되므로, 가족들이 사용하는 언어를 유심히 관찰하면 그 이면에 있는 신념체계를 파악할 수 있다.

예

창호는 평소에 잘 못하는 과목이나 어려운 과제가 있을 때 "해 봤자 뭐해요? 어차피 못할 거 뻔한데요." "이거 봐요, 또 틀렸잖아요." 등과 같이 부정적 결과를 예단하며 시도하지 않으려는 반응이나 자신의 수행에서 잘못된 점을 크게 부각하는 말을 자주 한다. 창호의 어머니는 교사와 상담할 때 남편이 아이들에게 "잘 못할 거면 아예 하지도 마라." "다른 사람을 이기지 못하면 사회에서 도태되게 되어 있다."라는 말을 자주 해서 속상하다고 말하였다. "남을 이기지 못하면 열등한 것이다." "완벽하지 못할 거면 가치가 없다."라는 아버지의 신념이 창호에게도 영향을 미쳐서 부정적인 태도를 보임을 알 수 있다.

4) 문제의 원인과 해결에 대한 신념

자녀가 문제를 보이거나 가족에 문제가 있다고 지각할 때 가족은 문제와 관련하여 인과관계에 대한 생각을 하기 마련이다. 문제의 원인을 어디에 귀인하는지에 따라서 문제해결을 위한 방안에서도 생각이 달라지게 된다. 예컨대, 나쁜 유전인자 때문이라고 믿는지, 초자연적인 힘 때문이라고 믿는지, 양육방법이나 특정 양육자의 양육 능력 결함 때문이라고 믿는지, 부모 간 갈등 때문이라고 믿는지, 잘못된 또래를 사귀어서 그렇다고 믿는지 등에 따라서 가족 상호작용도 달라질 뿐 아니라 문제해결에 대한 기대 및 방안도 달라지게 된다.

> **예**
>
> 창호의 성적이 하락하는 데 대해서, 어머니는 "남편이 공부 잘하는 여동생과 창호를 자꾸 비교하기 때문에 창호가 자신감이 더욱 없어져서 그런 거예요."라고 본다. 반면에 창호의 아버지는 "아내가 창호가 어렸을 때부터 강하게 키우지 못하고 너무 끼고 돌기만 해서 창호가 유약해져서 그런 겁니다. 공부도 이겨내겠다는 생각을 독하게 가져야 잘할 수 있어요. 창호가 나를 닮아서 머리는 좋은데, 근성이 없고 너무 유약하니 공부를 못하는 겁니다."라고 본다. 그래서 창호의 어머니는 아버지가 창호를 대하는 태도가 달라져야 창호가 자신감을 되찾을 수 있다고 생각하며, 아버지는 어머니의 양육방식이 달라져야 창호의 성적이 오를 수 있다고 생각한다.

발달주기와 세대 간 연계

가족의 상호작용 패턴 및 신념체계를 파악하는 것이 가족의 현재 상태에 초점을 둔 가족평가라면, 발달주기와 세대 간 연계를 살펴보는 것은 시간적·발달적 측면에서 이루어지는 가족평가에 해당한다.

시간적·발달적 측면에서 가족의 상태를 조망하는 것은 구성원

각 개인, 특히 학생의 발달 정도와 가족발달주기를 파악하는 것, 그리고 가계도를 통하여 세대 간 연계를 파악하는 것으로 이루어질 수 있다.

1) 학생과 가족의 발달주기 파악하기

학교에서의 보호자상담이나 가족상담은 학생을 초점으로 이루어지기 때문에, 학생의 발달상태와 가족의 발달주기를 연결하여 이해하는 것이 중요하다. 학생이 신체적·생리적으로 어떤 변화의 단계에 있으며 그러한 변화에 어떻게 적응하고 있는지, 자아정체성의 발달은 어떠한지, 동성 및 이성 또래와 사회적 관계를 얼마나 효율적으로 형성하고 있는지, 학업과 진로의 발달 양상은 어떠한지 등에 대한 부모의 생각을 교사는 잘 경청하고, 교사의 평소 관찰내용과 종합해 본다. 이와 더불어 다른 가족구성원은 어떤 발달적 변화를 겪고 있으며 가족발달주기 중 어느 단계에 있는지를 평가하면서, 학생발달 상태와의 연관성을 탐색하는 것도 중요하다.

예

6학년인 상준이는 학급에서 키가 가장 크고 마른 체형이며, 대체로 무표정하고 말도 없으며 혼자서 가만히 있는 적이 많고 아이들에게 '비호감'이라는 평을 듣는다. 곤충에 대한 지식이 매우 풍부하나 그러한 지식을 친구들에게 자랑하는 경우는 별로 없다. 다른 과목에는 별 흥미가 없고 수업시간에 적극적으로 참여하지 않는다. 연년생인 누나는 활발한 성격이며 성적도 좋은 편이라고 한다. 운전원으로 근무하는 아버지의 수입이 넉넉하지 않아서 어머니는 상준이가 유치원생일 때부터 식당의 주방 보조로 일을 해 왔다. 어머니가 일을 시작하면서 상준이는 하교 후에 매일 공부방, 태권도와 학원을 다녔으며, 어머니가 퇴근하는 9시경까지 누나와 집에서 기다릴 때는 주로 게임을 하면서 시간을 보냈다고 한다. 어머니는 상준이가 하교 후에 공부방 등을 잘 가는지 자주 전화로 확인을 하였다. 상준이는 그런 어머니가 간섭이 심하고 신경질적이라고 지각한다. 작년부터는 어머니가 조리사 자격증 준비를 위해 독학을 하느라 퇴근시간이 더 늦어지고 누나는 친구들과 밖에서 어울리는 시간이 늘어나면서 상준이가 집에 혼자 있는 시간이 많아지게 되었다.

⇒ 상준이의 발달상태를 파악해 보자면, 또래들과 관계를 형성하는 사회적 능력이 원만히 발달하지 못하였고, 사춘기의 급격한 성장으로 인한 큰 키와 어색한 체형을 잘 수용하지 못한 상태로 보이며, 자아존중감도 낮아 보인다. 어머니의 전화를 통한 통제에 익숙하여 스스로 할 일을 알아서 하는 독립성과 근면성을 충분히 발달시키지 못하였는데, 어머니가 자신의 진로추구를 위하여 상준이와 직접 상호작용하는 시간이 줄어들면서 이러한 경향이 더욱 심해진 것으로 볼 수 있다. 상준이와 누나가 청소년기에 접어들면서 가족발달주기상으로는 청소년 자녀가 있는 가족의 단계에 있지만, 어머니와 상준이의 상호작용은 어린 자녀와 부모 간의 상호작용에 머물러 있다.

2) 가계도를 통한 세대 간 연계 파악하기

가계도(genogram)란 가족관계의 특징과 역동성 및 세대 간 연계를 파악하기 위하여 적어도 3대에 걸친 가족정보를 도표화하여 시각적으로 나타낸 것을 말한다(Friedman, Rohrbaugh, & Krakauer, 1988). 공통 기호를 사용하여 가족 구성원의 관계와 위치뿐만 아니라 가족과 관련된 자료를 도표와 함께 기록하는데, 이러한 가계도는 가족상담에서뿐만 아니라 개인상담에서도 내담자를 깊이 이해하기 위하여 활용할 수 있다.

개인상담이나 가족상담에서는 가계도에 포함될 내용들을 상담자가 내담자에게 질문하면서 그려 나가기도 하고, 내담자에게 가계도 작성방법을 가르쳐 주어서 직접 그려 보도록 하기도 한다. 학교에서 상담을 할 때 교사가 가계도에 포함될 내용들에 대해 학생이나 보호자에게 질문을 계속한다면 거북하게 여길 보호자들이 많을 것이다. 따라서 가족관계에 대한 학생 및 보호자의 이해를 깊이 하는 도구가 될 수 있도록 학생이나 보호자가 가계도를 직접 그려 보는 활동으로 제안하는 것이 더 적절할 것이다. 상담 장면에서 참석한 가족구성원들이 함께 그리도록 제안할 수도 있으며, 집에서 가족들이 모여서 함께 그리는 과제로 제시해도 좋다.

가계도 작성경험은 특히 자녀세대가 부모세대를 이해하는 데, 또 부모가 배우자의 원가족과 성장 배경을 이해함으로써 현재의 가족관계에 대한 이해를 넓히는 데 많은 도움이 될 수 있다. 구성원들 간에 비난하는 경향을 줄이고 협조적 분위기를 강화하는 데에도 도움이 된다. 학생이나 가족의 '문제'로 인해 격해져 있는 감정을 가라앉히는 계기가 될 수도 있다. 예컨대, 친구와 싸운 후 학교에 가지 않겠다고 고집을 부리는 딸에게 화가 나 있던 어머니가, 자신이 그 나이 무렵에 학교에서 어려움을 겪고 부모님과 갈등을 빚었던 경험을 기억하면서 딸에 대한 화가 누그러지기도 한다.

가계도 작성의 과정은 다음과 같이 이루어질 수 있다.

① 가계도에 대해 설명하고 이점을 알려 주며 가계도 작성을 제
안한다.

예

"가계도는 몇 가지 기호를 사용하여 가족을 그려 보는 것입니다. 적어도 3대
에 걸쳐서 가족정보를 도표화해 보는 것으로, 개인적 정보를 많이 포함하기 때문
에 '심리적 족보'라 할 수 있습니다. 현재의 우리 자신을 이해하려면 개인 내면을
잘 살펴보는 것도 중요하지만, 주변 인물들, 특히 가족, 그리고 윗세대와 내가 자
랐던 가족을 이해하는 것이 매우 중요합니다. 우리는 가족 속에서 자랐기 때문에
긍정적이든 부정적이든 영향을 받았고, 그 영향은 현재의 내 가족과 자녀를 대하
는 방식에도 영향을 주고 있습니다. 그렇기 때문에 가계도를 작성해 보고 또 부
부간에나 자녀와 함께 그에 대해 이야기를 나눠 보면 여러 가지를 깨달을 수 있습
니다. 현재 우리 가족에서 일어나고 있는 일들이 이전 세대에서 있었던 어떤 패턴
을 반복하는지, 우리 가족의 강점과 약점은 무엇인지, 어떤 점들을 조심해야 하고
노력해야 하는지 등을 깨달을 수 있습니다. 여기서 한 가지 꼭 기억하실 점은, 가
계도를 그리는 건 현재의 어려움이나 문제에 대해 윗세대나 어떤 사람을 비난하
거나 탓하기 위한 것이 전혀 아니라는 겁니다. 각 세대는 주어진 상황조건 속에서
나름 최선을 다했던 겁니다."

② 가계도 작성방법을 예시와 함께 설명한다.

예

"가계도는 이렇게 생겼는데([그림 10-1] 참조), 여기 보시면 남자는 □, 여자는
○으로 표시하고 사망하신 분은 그 안에 X로 표시합니다. 출생연도와 사망연도,
질병, 결혼, 이혼, 이사, 졸업 등의 주요 사건들, 중독이나 행동 문제, 직업, 학력, 건
강상태, 역할 등도 표시합니다. 윗세대부터 시작하여 작성하실 수도 있고 현재 가

족부터 시작하여 윗세대로 올라가도 됩니다. 확대가족들을 가능하면 다 포함하여 작성하시고, 입양자녀나 유산, 사산아도 포함합니다. 가계도를 작성하다 보면 잘 알지 못하는 부분도 있을 것입니다. 그런 부분은 일단 빈칸으로 남겨 두고, 알고 계신 것부터 먼저 적으시면 됩니다. 진행하다 보면 몰랐던 부분에 대한 기억이 떠오를 수도 있고, 다른 가족들에게 물어보셔서 알아낼 수도 있습니다."

③ 가계도 작성 후에 부모에게 다양한 질문을 함으로써 가족의 구조, 힘의 소재, 생활주기, 갈등 및 해결 유형, 세대를 이어 반복되는 역할 및 관계 유형, 인생의 중대사와 그 영향, 가족구조 · 역할 · 기능 수준 · 자원 등에서의 적절성 및 불균형 등을 파악한다.

예

- "가계도를 작성하는 과정에서나 마친 후에 어떤 느낌이 들었나요?"
- "혹시 자랄 때 가족에 비밀이 있었나요? 어떤 비밀이었나요?"
- "가족 내에 어떤 규칙이 있었나요?"
- "가족 내에서 감정표현은 어땠나요? 분노나 슬픔은 어떻게 다루어졌나요? 사랑은 어떻게 표현되었나요?"
- "여자라는 것, 여성다움이라는 것에 대해 가족에서 어떤 것을 배웠나요? 남자라는 것, 남성다움에 대해서는 어떻게 배웠나요? 그렇게 가족에서 배운 것이 현재 가족관계에서 어떻게 적용되고 있나요?"
- "가족 내에서 가장 가깝게 느꼈던 식구는 누구이며, 왜 가깝게 여기는 것 같나요?" "가장 거리감을 갖는 식구는 누구이며, 왜 거리감을 느낀다고 보나요?"
- "가족 중에 영웅은 누구인가요?" "버림받은 식구는 누구였나요?" "다른 역할을 맡은 식구는 누구였고, 어떤 역할이었나요?"

- "가족 밖의 관계에 대해서 무엇을 알게 되었나요?"
- "가족이 가치 있게 여기는 것은 무엇이었나요? 그런 가치가 현재 가족에서는 어떻게 적용되고 있나요?"
- "가족에 대해 알게 된 사실들로 인해서 자신과 다른 식구들에게 어떤 기대를 갖게 됐나요?" "가족관계에 대해서는 어떤 기대가 생기나요?"
- "가계도를 그리고 나서 무엇은 간직하고 싶고 무엇은 떠나보내고 싶은가요?"

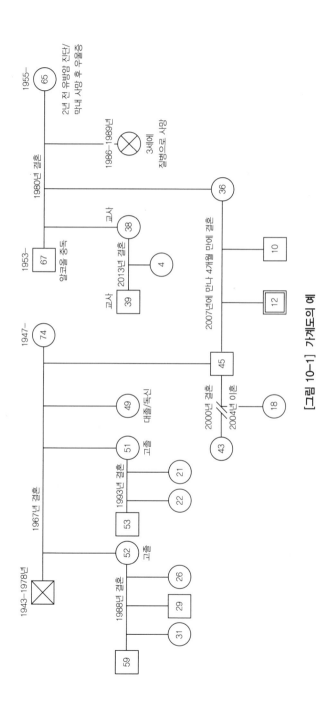

[그림 10-1] 가계도의 예

제11장
•
변화를 위한 개입방법 I
: 질문하기

질문하기는 학생과 가족에 대한 이해뿐만 아니라 변화를 촉진하는 데도 매우 중요한 상담기법이다. 이 장에서는 상담자가 목적에 따라 활용할 수 있는 질문의 다양한 유형을 살펴보고, 보호자상담과 가족상담에서 질문기법을 구체적으로 적용하는 과정을 제시한다.

질문하기는 가족상담뿐 아니라 모든 상담자에게 매우 중요한 기술이다. 상담자가 내담자에게 하는 질문은 항상 어떤 목적과 효과를 달성하고자 하는 의도적인 기술로서, 내담자를 이해·평가하는 기능뿐만 아니라 변화를 초래하는 기능을 가지고 있다. 내담자와 전화로나 면담에서 처음 만날 때부터 상담자는 적절한 질문을 통해서 내담자를 잘 이해하게 될 뿐 아니라 내담자의 변화를 촉진하고자 노력한다.

질문의 기능

가족상담에서 질문의 기능은 크게 네 가지로 나누어 볼 수 있다. 상담자가 원하는 정보를 구하는 기능, 상담자의 관점을 반영하는 기능, 상호작용 패턴의 변화를 촉진하는 기능, 가족의 관점을 변화시키는 기능 등 네 가지인데, 학교에서 보호자상담 및 가족상담을 진행할 때 교사는 이 중 어느 한 가지 기능을 강조하여 질문을 구성할 수도 있지만, 여러 기능을 동시에 포함하는 질문을 구성할 수도 있다.

1) 상담자가 원하는 정보를 구하는 기능

학생 및 가족에게 일어난 사건이나 사실적 정보를 알기 원할 때 사용하는 질문이다. 일상생활에서 가장 많이 활용되는 질문의 기능이며, 상담에서도 자주 활용된다.

예

- "대호가 몇 학년 때 처음으로 학교를 빠지기 시작했나요?"
- "대호가 몇 살일 때 동생이 태어났나요?"

2) 상담자의 관점을 반영하는 기능

질문은 현재 제시된 문제에 관한 상담자의 관점을 전달할 수 있는 기회가 된다. 만약 상담자의 관점이 상호작용적이라면 질문도 상호작용에 관련될 것이며, 상담자의 질문을 통해 가족에게 상호작용적 관점이 전달된다.

예

상담자가 아버지에게 "아버님이 철수와 저녁시간을 같이 많이 보내고 숙제도 봐 주었을 때 철수가 공부시간에 집중하는 정도가 어떻게 달라지나요?"라고 묻고, 철수에게는 "어떨 때 산만하게 행동해도 될지 어떻게 아니?"라는 질문을 한다면, 상담자는 철수의 주의산만 문제(현재 제시된 문제)가 상호작용 패턴에 의해 유지된다는 것과 가족이 이런 문제들을 통제하고 변화시킬 수 있음을 가정하는 상담자의 관점을 함께 전달하게 되는 것이다.

3) 상호작용 패턴의 변화를 초래하는 기능

상호작용적 관점에서 질문을 하면 그에 따른 가족의 변화도 동일한 관점에서 촉진될 것이다. 만약 상담자가 가족으로 하여금 상호작용적 관점을 받아들이도록 서서히 진행해 간다면, 정보를 구하는 질문으로부터 변화를 구하는 질문으로 점차적으로 변환되는 것이 자연적인 순서이다. 질문의 형태로 상호작용 변화를 초래하고자 할 때는, 적어도 두 사람의 가족구성원이 관련되는 질문을 하거나, 혹은 한 구성원과 상황이 관련되는 간접적인 형태의 질문을 사용하는 것이 일반적이다(Griffin, 1993).

예

- "만약 어머님이 철수의 행동에 대한 반응을 바꾸신다면 철수가 어떤 식으로 다르게 반응할까요?"
- "만약 네가 네 방을 깨끗이 해 둔다면, 어머니가 너를 얼마나 더 오래 밖에서 친구들과 놀 수 있게 허락하실 것 같으니?"

4) 가족의 관점을 변화시키는 기능

상담자가 문제를 상호작용적 관점에서 보면서 질문을 반복하면 가족이 문제를 보는 시각을 다르게 바꿀 수 있게 된다. 문제에 대한 상호작용적 관점은 어느 특정 개인에게 결함이 있다고 가정하지 않고, 모든 가족구성원은 역기능적인 상호작용 패턴에서 각자 역할을 맡고 있으며 가족체제의 역동에서 부과된 역할을 감당하도록 기대되어 왔다고 가정한다. 상담자가 질문을 통해 이러한 관점을 간접적으로 계속 전달하게 되면, 점차적으로 가족구성원들은 이러한 관점을 자신의 것으로 채택하게 된다.

질문 유형별 목적과 효과

가족상담에서 활용되는 질문들은 그 유형에 따라 목적과 효과가 달라질 수 있다. 질문을 구성할 때 교사(상담자)는 그 질문의 목적이 무엇인지를 우선 생각해 보아야 한다. 즉, 상담자가 학생이나 가족을 이해하고자 하는 것이 목적인가, 아니면 학생이나 가족의 변화를 초래하고자 하는 것이 목적인가를 생각해 본다. 물론 이 두 가지 목적은 서로 상치되는 것이 아니며 상담자가 이해하고자 할 때도 궁극적으로는 내담자의 변화를 돕기 위한 것이지만, '상담자의 이해 목적'과 '내담자에게 영향을 미치는 목적'을 양극단으로 해서 연속선상에서 비중을 파악하여 볼 수 있다.

질문의 목적을 결정한 다음에는 어떤 유형의 정보에 초점을 둘 것인가, 즉 단선적 정보에 초점을 두고 질문할 것인가, 아니면 순환적 정보에 초점을 두고 질문할 것인가를 생각해 본다. 상담의 종류에 따라 어떤 경우에는 직선적 인과관계 정보, 즉 단선적 사고에 보다 많이 기초하는 반면 순환적인 정보와 상호 관련적 사고에 보다 더 많이 의존하는 경우도 많다. 가족상담은 상호작용적 원리를 강조하므로 질문을 할 때도 순환적 정보에 좀 더 많은 강조점을 두는 경향이 있다.

질문의 주목적과 정보 유형을 조합하면 다음과 같은 네 가지 유형의 질문이 가능하다(Tomm, 1988).

1) 단선적 질문

사실에 초점을 맞추어 조사하고, 연역적이며 내용 중심의 질문이다. 질문의 결과 수집되는 정보들이 문제를 설명하리라고 보는 것이다. 단선적 질문은 종종 어떤 사람이나 어떤 점이 잘못되었고 그 사람이나 그 점이 고쳐져야 한다는 쪽으로 대답이 나오게 하는 경향이 있다.

예

> 교사: 철수가 왜 학교를 빠지고 집에도 늦게 들어오는 걸까요?
>
> 어머니: 학교를 싫어해서 그렇지요. 선생님들도 싫어하고 친구들도 싫어해요. 철수는 작년에도 학교를 싫어했어요. 태도에 문제가 많아요.

2) 순환적 질문

탐색적이며 상담자가 궁금해하는 태도로부터 나온다. 변화되어야 할 어떤 한 사람이나 어떤 것을 선별해 내기보다는, 가족 내의 상호 연관성과 가족 및 더 큰 체제들과의 상호 관련성을 강조하는 대답을 얻어 낼 수 있다. 순환적 질문은 모든 것이 다른 모든 것과 연관되어 있다는 것을 가정하고 있으며, 관계상의 패턴을 드러내는 데 도움이 될 수 있다.

예

- "철수가 학교를 빠지지 않은 날에는 어떤 점들이 다른가요?"
- "철수가 학교를 빠지고 있었다는 것을 가족 중 누가 가장 먼저 알게 되었나요? 그렇게 알고 난 다음 무슨 일이 일어났나요?"

순환적 질문은 다시 네 가지 유형으로 분류될 수 있다(O'Brian & Bruggen, 1985). 다음에 이러한 유형을 제시하는 목적은 순환적 질문의 형태를 구체적으로 알기 쉽도록 이해를 돕기 위한 것이다. 질문 유형들 모두 현재, 과거, 미래 혹은 가상적 사건들 어디에나 초점을 맞추어 활용할 수 있으며, 상담에서 실제로 순환적 질문을 사용하려고 할 때 다음의 어느 한 유형에 꼭 들어맞게 해야 하는 것도 아니다.

① 한 가족구성원으로 하여금 다른 두 가족구성원 간의 관계나 상호작용에 관해서 말하도록 하는 질문이다.

예

- "아들과 남편의 관계가 서로 어떤가요?"라고 어머니에게 질문하는 것
- "아버지가 술 드시고 늦게 들어오시면 어머니가 어떻게 하시니?"라고 자녀에게 질문하는 것

② 가족구성원들에게 어떤 실제적 상황이나 가상적 상황에 대한 구성원들 각각의 반응을 순위를 매겨 보게 하는 질문이다.

- "이혼에 대해서 가장 힘들어하는 사람이 누구인가요? 그다음은 누구인가요?" 라고 구체적으로 질문하는 것
- "이 문제가 해결되었을 때 누가 가장 좋아할까요? 그다음으로 좋아할 사람은 누구일까요?"라고 좀 더 일반적으로 질문하는 것

③ 시간이 감에 따라 일어나는 차이에 대해 물어보는 질문이다. 과거에 일어났던 어떤 특정 사건이나 미래에 일어나리라고 예상되는 사건과 관련하여 이런 질문을 할 수 있다.

- "이혼 후에 아이의 행동이 어떻게 변화되어 왔습니까?"라고 어머니에게 질문하는 것
- "자녀들이 집을 다 떠나면 아내와의 관계가 어떻게 변화할 거라고 보십니까?" 라고 아버지에게 물어보는 것

④ 상담 장면에 오지 않았거나 질문에 대한 대답을 꺼리는 가족 구성원에 관한 정보를 간접적으로 얻기 위한 질문이다.

- "만약 철수 아버지가 오늘 여기에 와 계신다면, 철수와 어머니의 관계에서 가장 큰 문제가 무엇이라고 말할 것 같으세요?"라고 어머니에게 질문하는 것

3) 전략적 질문

내담자에게 변화를 초래할 수 있도록 영향을 미치고자 하는 것이 주된 목적인 질문이다. 새로운 가능성을 보게 하거나, 기존 관점이나 행동패턴에 도전하여 어떤 특정한 방향으로 이끌어 가는 질문이다. 전략적 질문의 주된 목적은 현재 가족이 문제에 반응하는 방식을 상담자가 원하는 방향으로 변화시키고자 하는 것이다.

예

"어떻게 하면 어머님과 아버님이 이 일에 대해서 합의를 보시고 아이에게 연합전선을 펴실 수 있을까요?" "만약 철수가 몇 주 동안 학교를 자기 나오고 싶을 때만 나오는 것을 어머님과 아버님 두 분이 다 모른 척한다면 어떤 일이 생길까요?"와 같은 질문이다. 이러한 질문을 통해 상담자는 부모가 자녀에게 공동의 일관된 행동반응을 보여서 현재의 상호작용 고리를 차단하고자 시도하는 것이다.

4) 반영적 질문

가족을 어느 특정 방향으로 유도하지 않으면서 새로운 반응 가능성을 활성화함으로써 가족의 변화를 촉진하는 질문이다 (Patterson, Williams, Grauf-Grounds, & Chamow, 1998). 즉, 상담자는 '학생 및 가족구성원들이 변화를 위한 내적 자원을 가지고 있으며, 그러한 자원들을 활용하여 좀 더 바람직한 반응을 새로 해낼 수 있을 것'이라는 믿음을 가지고 상당히 중립적인 입장을 취한다. 그래서 어떤 특정한 행동 변화에 초점을 맞추기보다는 다양한 대안에

문을 열어 놓는 것이다. 반영적 질문은 방향을 제시하지 않으면서
변화를 촉진한다.

예

- "만약 철수가 어머니에게 표현하지 못했던 어떤 강한 감정이 있다고 하면, 어머님은 그것에 대해서 알고 싶다는 것을 어떻게 철수에게 알려 줄 수 있을까요?"
- "만약 철수가 학교를 빠지지 않고 다시 잘 다닌다면 부모님의 생활이 어떻게 달라질까요?"

질문의 방법

상담자는 어떤 질문이든 내담자에게 질문하기에 앞서서 반드시
머릿속으로 미리 시연을 해 보아야 한다. 짧고 명확하고 잘 구성되
며 초점에 잘 맞춘 질문을 할 수 있도록 미리 시연이 필요한 것이
다. 흔히 "질문의 길이와 영향력은 반비례한다."라고 한다.

1) 질문 구성의 준거

상담에서 모든 질문은 즉각적 기능과 장기적 기능을 가지고 있
다. 즉각적으로는 현재 진행되고 있는 상담과정에 필요한 질문이
되겠지만, 동시에 질문 및 그에 대한 답은 장기적으로 보면 상호작
용 패턴 및 관점의 변화를 초래하여 상담목표를 달성하는 기능을
가지는 것이다. 따라서 상담자는 질문을 하기 전에 다음과 같은 두

가지 사항을 점검해 보면 좋다.

(1) 무엇이 필요한가

만약 정보를 얻기 위한 질문이라면, 다음과 같이 자문해 본다. "이 가족의 상호작용 패턴에 관하여 파악하려면 어떤 정보가 필요한가? 어떤 정보가 유용하겠는가?" 예컨대, 경계와 위계에 관한 구조적 정보가 필요한지 질문하기 전에 미리 결정을 한다.

만약 정보를 직접적으로 얻기 위한 목적이 아니라 전략적·반영적 목적에서 질문하는 것이라면, 다음과 같이 자문해 본다. "내가 전달하고자 하는 점을 확고히 굳혀 주거나, 이 구성원이나 가족들의 관점이 다음 단계로 변화할 수 있도록 하기 위해 내가 어떤 대답을 얻을 필요가 있는가?" 정보를 직접 얻기 위한 질문과 달리 이런 질문의 경우에는 상담자가 이미 그 질문의 답을 알고 있어야 하며, 그 답이 나오게 할 수 있는 방식으로 질문을 구성하여야 한다. 즉, 상담을 진척시키기 위해 필요한 것이 언어화되도록 하는 것이다.

(2) 어떤 변화가 필요한가

가족을 만나는 첫 순간부터 가족상담자는 가족구성원들이 문제를 보는 시각을 개인적 병리의 관점으로부터 관계적·상호작용적 관점으로 서서히 변화시킬 수 있도록 노력한다. 이러한 노력은, 상담자가 가족체제에서 특히 주의를 끌고 싶은 부분이나 변화가 필요한 부분이 무엇인지를 결정하여 그 부분에 집중적으로 이루어진다. 상담이 진행됨에 따라 질문의 구성도 어떤 변화가 필요한지에 맞추어 구성된다. 따라서 각 질문은 가족구성원 개인 및 가족 전체의 상호작용 패턴에 대한 현재의 이해상태와 맥을 같이하거나 혹은 약간 앞선 것으로 구성되어야 한다. 사실상 상담자는 질문을 통하여 가족을 상호작용적 관점으로 끌어당기고 상호작용 패턴의 변화를 추구하는 것이라고 볼 수 있다.

2) 질문의 형태

질문의 형태는 대답하는 사람이 얼마나 자유롭게 반응을 선택할 수 있는지에 따라서 개방적 질문과 폐쇄적 질문으로 나눌 수 있으며, 질문 형태의 직접성에 따라서 직접적 질문과 간접적 질문으로도 구분할 수 있다(Cormier, Nurius, & Osborn, 2009).

(1) 개방적 질문과 폐쇄적 질문

개방적 질문이란 '어떻게, 무엇' 등의 말에 초점이 맞추어지거나 시작되는 질문 형태로서, 대답하는 사람이 자유로이 반응을 선택할 수 있는 범위가 넓다. 개방적 질문에 대한 대답은 대체적으로 상호작용 패턴에 관한 정보를 제공할 수 있을 만큼 충분한 정보를 상담자에게 줄 가능성이 높다. 이뿐만 아니라 개방적 형태의 질문은 전략적이거나 반영적인 목적으로 행동 변화를 유도하기 위해서 등 매우 다양하게 활용될 수 있다.

例

- "철수가 학교를 빠질 때 부모님 두 분 사이에 어떤 일이 일어나나요?"
- "철수가 학교를 빠지는 가장 큰 이유가 무엇이라고 생각하시는지 궁금합니다."

반면에 폐쇄적 질문이란 '예' 혹은 '아니요'로만 대답하게 되는 질문이다. 폐쇄적 질문은 상담에서 몇 가지 극히 특정한 용도로만 제한되어 사용된다. 폐쇄적 질문의 가장 큰 용도는, 상담자가 제시하고자 하는 어떤 입장에 내담자가 동의하거나 반대하도록 하는 데 있다. '예'나 '아니요'의 반응밖에 얻지 못하기 때문에 정보를 얻기 위한 목적으로는 거의 사용하지 않는다. 폐쇄적 질문은 관점의 변화를 확고히 하기 위한 용도로는 유용하게 쓰일 수 있지만, 상담자가 질문의 대답에 대해서 이미 확신할 수 있는 상황이 아닌 한 사용하지 않는 것이 좋다.

例

- "앞으로 철수가 학교를 빠질 때 부모님께서 어떻게 반응하실지를 두 분께서 미리 의논하실 수 있겠습니까?"
- "철수에게 가장 필요한 것이 무엇인지 먼저 철수에게 물어보시겠습니까?"

(2) 직접적 질문과 간접적 질문

의문문의 형태로 이루어지는 직접적 질문을 상담시간에 너무 자주 사용하게 되면 상담과정이 딱딱하게 느껴질 수 있고, 내담자가 상담자의 질문에만 답하는 소극적인 태도를 보일 수 있다. 간접적 질문은 서술문의 형태로 이루어지기 때문에, 학생과 부모가 꼭 답을 해야 한다는 부담감이 덜하여 보다 자연스러운 대화의 흐름이 이어지게 한다는 이점이 있다. 따라서 직접적 질문과 간접적 질문을 적절히 혼용하는 기술이 필요하다.

예

- "철수가 처음 학교를 빠졌을 때 가족에게 어떤 일들이 있었는지 이야기를 나눠 보고 싶습니다."
- "아버지의 빈자리를 어머님이 채우시려고 많은 노력을 해 오셨는데, 영미 눈에는 그런 어머님의 모습이 어떻게 비추어졌을까 궁금해집니다."

3) 질문의 대상

한 명 이상의 가족구성원과 상담을 진행할 때, 상담자는 가족구성원들 중 누구(들)에게 질문을 할 것이며 언제 질문을 할 것인지에 관하여 전략적 선택을 하여야 한다. 질문이 구체적으로 누구를 대상으로 하는 질문인지에 따라, 그리고 누가 그 질문을 듣게 되느냐에 따라 효과가 달라지기 때문이다. 상담자가 질문을 하는 대상을 고려할 때, 다음과 같은 경우들이 가능하다.

① 가족 전체에게 질문하는 경우
② 한 가족구성원에게 하는 질문이면서 다른 구성원들이 들을 수 있도록 하는 경우
③ 한 가족구성원에게 질문하되 다른 특정 구성원에 관해 질문

하는 경우

④ 질문하고자 하는 특정 가족구성원만 남기고 나머지 구성원들
은 나가게 하는 경우

①과 ②의 경우는 여러 가족구성원이 함께 있는 자리에서 구성
원 전체나 한 구성원에게 질문이 이루어지고, ③의 경우는 한 구성
원과 상담을 하는 상황에서 다른 구성원에 대하여 질문하는 경우
이다. 반면에 ④의 경우는 여러 가족구성원이 함께 상담을 하다가
특정 가족구성원만 남기는 쪽으로 상담 상황을 변화시키는 경우이
다. 학교에서 학생과 부모를 함께 상담하다가 학생은 나가게 하고
부모만 상담하며 질문하거나, 반대로 부모는 나가게 하고 학생만
남게 하는 경우가 여기에 해당한다.

이럴 때는 질문과 상담의 내용이 나중에 다른 가족구성원들에게
전달될 것이라고 가정하여야 한다. 물론 질문이나 상담내용이 전
달될 때 다소간 변형될 가능성도 고려해야 할 것이다. 그러므로 상
담자는 질문을 할 때에도 그것이 나중에 다른 가족구성원에게 전
달될 것이라는 점을 오히려 활용할 수 있다. 부모가 학생에게 상담
중에 무슨 이야기가 오갔는지 물어보거나 학생이 부모에게 질문내
용을 물어볼 것임을 예견하여, 그럴 때 어떻게 답할 수 있겠는지를
상담 중에 미리 생각해 보는 시간을 가지면서 그 의미를 탐색해 볼
수 있다. 혹은 어떻게 답할 것인지 함께 연습해 봄으로써 가족 내의
경계를 조정하거나 의사소통 훈련의 기회로 삼을 수도 있고, 상담
자와 해당 가족구성원 간의 유대를 강화할 수도 있다.

•

제12장

변화를 위한 개입방법 II
: 의사소통 행동의 변화

가족의 상호작용에는 감정이 얽혀 있는 정도가 높아서 의사소통이 부정적으로 이루어질 가능성도 높다. 가족이 역기능적 의사소통을 깨닫고 효과적 대안을 선택하도록 교사가 돕게 되면, 가족의 갈등과 문제해결에 많은 도움이 될 수 있다.

이 장에서는 가족의 의사소통 행동 변화를 위해 활용도가 높은 기법들을 제시한다. 부정적 의사소통과 효과적 대안을 비교하기, 의사소통의 복합적 과정 인식하기 및 의사소통 훈련과정 등이 소개된다.

타인 간의 상호작용에 비해서 가족구성원 간의 상호작용에는 감정이 얽혀 있는 정도가 높다. 따라서 개인별로 가진 의사소통의 부정적 측면이 가족 내에서 더욱 심하게 나타나기도 하고, 타인과는 원만한 의사소통을 할 수 있는 사람도 가족 내에서는 부정적·반사적인 의사소통 패턴을 보이기도 한다. 특히 자녀가 자라면서 자기주장이 강해지며 부모와 부딪히게 되거나, 자녀가 학교에서 어려움을 겪거나 문제가 나타날 때, 또 부모가 자녀에 관해 결정을 해야 하는 상황들이 발생할 때는 감정적인 동요로 인해 의사소통이 더욱 부정적인 모습으로 나타나기 쉽다. 의사소통이 부정적인 형태로 이루어지면 갈등 및 문제해결 과정에 초점을 맞추기 어렵게 되어 더욱 비생산적·부정적인 상호작용에 빠져들기 쉽다.

따라서 교사는 효과적인 의사소통 양식을 학생과 부모가 배워서 잘 활용할 수 있도록 도울 필요가 있다. 효과적인 의사소통 양식과 부적절한 의사소통 양식을 부모 및 학생에게 비교하며 설명하거나, 역기능적 의사소통 행동이 상담 장면에서 일어날 때 이를 가족이 인식할 수 있도록 지적하며 대안을 제시하거나, 교사 자신의 모델링을 통하여 가족이 배우게 하거나, 가족구성원 간 혹은 교사와 구성원 간의 역할연습과 피드백 과정을 되풀이하는 등 다양한 방법을 사용할 수 있다. 물론 가족 간의 의사소통 행동은 오랜 기간 습관화된 경향이 강하므로 한 번의 간단한 교육이나 연습만으로 금방 수정되기를 기대할 수는 없다. 그러나 학생과 부모가 긍정적·효과적인 의사소통을 부분적으로라도 시작할 수 있게 되면, 그로 인한 효과를 작게나마 경험하게 되어 가족 간 의사소통 패턴

의 변화를 지속하려는 동기가 강해질 가능성이 많다는 점에서 희
망적이다. 다음에 의사소통 행동 변화를 위한 활용도와 효과가 좋
은 몇 가지 대안을 소개한다.

부정적 의사소통 행동과 효과적 대안의 비교

〈표 12-1〉은 아동·청소년이 있는 가족에서 흔히 발생하는 부
정적 의사소통 행동 및 그에 대한 효과적 대안들의 예이다. 이러한
표는 이해하기가 쉬워서, 학생 및 부모에게 보여 주며 가족 내에서
일어나는 의사소통 행동을 함께 찾아보고 부정적 의사소통 행동에
대한 대안을 찾아서 연습하는 데 효과적이다.

이 과정에서 부정적 의사소통 행동을 찾아내어 수정하는 것은
매우 중요하다. 그러나 지금까지 가족이 사용해 왔던 효과적 의사
소통 행동도 함께 찾아서 인정하고 강화하는 과정도 필요하다. 가
족에서 갈등이 심하거나 학생의 문제로 인해 감정적으로 좌절과
동요가 심해지면 기존에 사용해 왔던 효과적 의사소통 방식을 일
시적으로 잊어버리고 부정적 의사소통에 의존하는 경향이 강해지
며, 그로 인해 갈등과 좌절이 더욱 심해지는 악순환에 빠지는 경향
이 있다. 그러므로 가족에게 있던 효과적 의사소통 행동을 찾아내
게 되면 가족의 긍정적 자원도 되살려서 활용할 수 있고, 구성원들
의 자존감과 희망도 높일 수 있다.

〈표 12-1〉 부정적 의사소통 행동과 효과적 대안

부정적 의사소통 행동	효과적 의사소통 행동
• 제3자를 통해서 말하기	• 상대방에게 직접 말하기
• 비난하거나 방어적으로 말하기	• 나의 감정 · 생각 · 바람을 말하기
• 중간에 말 끊고 들어가기	• 말이 끝날 때까지 귀 기울여 듣기
• 대화를 독점하기	• 간단히 말하고 번갈아 가며 말하기
• 설교하거나 훈계하기	• 중립적이고 담담하게 말하기
• 조소하는 투나 다른 곳 보며 말하기	• 상대방을 응시하며 말하기
• 상대방이 말할 때 다른 곳을 보거나 다른 행동하기	• 말하는 상대방을 향하고 바라보기
• 찡그린 표정이나 부산하게 움직이며 말하기	• 편안한 자세로 앉아서 말하기
• 상대방의 마음을 다 읽을 수 있는 것처럼 말하기	• 상대방의 말을 반영하고 들은 내용을 확인하기
• 심리학적으로 해석하기	• 상대방의 말과 행동에 관련된 점 질문하기
• 주제에서 벗어나기	• 이야기하기로 한 주제에 머물기
• 지시하고 명령하고 위협하기	• 대안적 해결책을 제안하기
• 과거지사 들추기	• 현재에 초점 맞추기, 미래의 변화 가능성 제안하기
• 현학적으로 말하기	• 알아듣기 쉽게 간단하고 분명하게 말하기
• 상대방의 말을 깎아내리거나 비아냥거리기	• 들은 바를 반영하고 인정하기
• 말하는 바와 비언어적 행동의 불일치	• 말하는 바와 비언어적 표현의 일치
• 질문에 대답하지 않고 가만히 있기	• 자신의 생각과 느낌을 분명히 표현하기

출처: Robin & Foster (1987)의 내용을 일부 수정 · 보완함.

의사소통의 복합적 과정 인식하기

　가족 내 의사소통은 타인 간 의사소통에 비해서 감정이 얽혀 있을 가능성이 높으므로, 겉으로 드러난 의사소통 행동뿐만 아니라 그 내면의 복합적 과정까지 인식할 수 있도록 돕는다면 의사소통이 더욱 심도 있게 변화할 수 있다. 우리가 듣고 느끼고 반응하는 것들 중 많은 부분은 과거의 경험에도 관련되어 있고, 가족 간 상호작용의 내면적 과정도 어떤 특정한 패턴을 따르기 때문이다.

언어와 행동은 의사소통의 외현적 측면인데, 이러한 외현적 의사소통은 복합적인 내면적 과정의 결과이다. 만약 이러한 내면적 과정이 인식되지 못하거나 잘못 이해되면 역기능적 의사소통 패턴이 초래될 수 있다. 의사소통 이면에 있는 내면적 과정은 극히 빠른 속도로 일어나서 의식되지 못하고 지나가기 쉬운데, 상담 중에 이런 내면적 과정이 분명하게 인식될 수 있도록 돕는 것이다. 의사소통의 많은 문제는 사실 상대방의 내면적 과정을 잘못 이해하여 발생하는 경향이 있으므로, 내면적 과정을 명료화하면 구성원들 간의 오해를 줄일 수 있으며 의사소통이 명료해지고 효과적으로 이루어질 수 있다(Baldwin, 1993).

의사소통 과정에서 메시지를 받는 사람에게 일어나는 내면적 과정은 다음과 같은 단계들로 설명되는데, 각 단계마다 의사소통이 부정확해질 수 있는 요소들이 있다.

1) 감각적 입력

동영상으로 찍었을 때 보이는 모습과 들리는 소리처럼 메시지를 받는 구성원에게 무엇이 보이고 무엇이 들리는지를 뜻한다. 우리는 자신이 정확하고 객관적인 관찰자라고 생각하지만, 대부분의 사람은 그리 객관적인 관찰자가 아니며 가족 내에서는 특히 객관성과 정확도가 낮아지기 쉽다. 따라서 이 감각적 입력의 단계부터 부정확하게 될 수 있다.

예

영미가 하교 후 귀가하니 아버지가 거실 소파에 앉아서 TV를 시청하고 있다. 그런 아버지를 보고 영미가 "어, 아빠가 집에 있네."라고 말하자, 아버지가 영미를 흘깃 쳐다보며 "너는 왜 아빠를 보고 '다녀왔습니다.'라고 인사도 안 하냐?"라고 말한 후 다시 TV를 시청한다. 영미와 아버지는 서로 메시지를 한 번씩 주고받았는데, 이럴 때 상대방의 메시지를 받는 과정에서 감각적 입력이 부정확할 수 있다.

2) 의미부여

가족 내에서 일어나는 상호작용에서 보고 듣는 모든 메시지에 대하여 구성원들은 의미를 부여하려는 경향이 있다. 과거 경험이나 신념 및 가치관, 자아존중감 등 다양한 요인에 근거하여 해석을 하고 의미를 부여한다.

예

영미의 말을 들은 아버지의 경우를 생각해 보자. 영미 아버지가 회사에서 하루 휴가를 받고 그냥 쉬고 있는 상황이었다면, 또 영미와 아버지의 관계가 원만하다면 "어, 아빠가 집에 있네."라는 영미의 메시지에 대해 아버지는 '평소와 다르게 내가 집에 있는 것을 보고 영미가 의외라고 생각하는구나.'라는 중립적인 의미를 부여할 수 있다. 그러나 영미와 아버지의 관계가 좋지 못하거나 아버지가 갑자기 실직을 해서 집에 있는 것이었다면, 영미의 동일한 말에 대해 '내가 실직했다고 영미가 나를 무시하고 인사도 제대로 안 하는구나.'라는 부정적 의미를 부여할 수 있다.

3) 의미에 관한 감정

받은 메시지에 부여한 의미에 대해서 구성원은 느낌을 가지게
된다.

예

　　영미의 말에 대해 중립적 의미를 부여하면 아버지는 '영미가 의외라는 반응을
보이니 재미있다.'라는 느낌을 가지거나 기분이 나쁘지 않겠지만, 부정적 의미를
부여하면 '아이에게 무시를 당하다니 기분 나쁘다, 실망스럽다, 화가 난다.' 등의
느낌을 가질 수 있다.

4) 감정에 관한 2차적 감정반응

Satir는 메시지에 부여한 의미에 대한 감정 자체보다 그 감정에
관한 감정이 더욱 핵심적이라고 보았다. 자아존중감이 높은 사람
은 자신이 느끼는 감정이 무엇이든지 그 감정을 그대로 수용하는
경향이 있는 반면 자아존중감이 낮은 사람은 자신이 느끼는 감정
이 수용할 만한 것인지 아닌지를 결정하려고 시도한다. 그리고 그
감정이 수용할 만한 것이 아니라고 판단되면, 그 감정으로부터 자
신을 방어할 방법을 찾으려 애쓰는 것이다.

예

　　영미의 아버지가 부정적 의미를 부여하고 '기분 나쁘다, 실망스럽다, 화가 난
다'는 감정을 느꼈을 때를 생각해 보자. 아버지의 자존감이 원래 높다면 자신에

게 '기분 나쁘다, 실망스럽다, 화가 난다'는 감정이 든 것에 대해서 그대로 수용할 것이다. 즉, '내가 어제 실직을 해서 지금 의기소침하다 보니 아이가 하는 말에 대해서 상처를 받고 기분이 나빠지는구나.'라고 스스로 수용할 것이다. 그러나 자존감이 낮다면 자신이 기분 나쁘게 느끼는 것 자체를 수용하기가 어려워서 '나도 참 못났지. 애가 그냥 무심결에 한 말에 기분이 나빠지다니 내가 참 못났네.'라고 무가치감에 빠지거나 '이건 기분이 나쁘다기보다는 그냥 황당한 거야.'라고 부인하려 할 수 있다.

5) 방어

자기의 감정이 수용할 만한 것이 아니라고 판단되는 경우에는 자신의 유지와 적응을 위한 방어행동이 활성화된다. 현재 경험되는 감정을 느끼지 말아야 한다고 자신에게 이르는 동시에 그런 불편한 감정에 대처하는 방법을 찾으려 한다. 예전에 비슷한 상황에 처했을 때 습득한 방어기제를 동원함으로써 대처하려는 것이 보통이다. 불안하거나 무가치감이 느껴질 때 그 감정을 부인하기도 하고, 다른 사람 탓으로 돌리기도 한다. 혹은 자신과 감정 사이에 내면적 벽을 쌓아서 그 감정을 무시하기도 한다.

예

영미의 아버지가 '나는 아무렇지도 않아.'라며 자신이 느끼는 무가치감을 스스로 부인하거나, '저렇게 버르장머리 없다니…….'라며 영미를 비난하거나, '엄마가 애들 교육을 어떻게 시켰길래 아빠를 보고 인사도 안 하는 거야.'라며 아내를 탓하는 등 방어기제를 동원할 수 있다.

6) 반응의 규칙

상대방의 메시지를 받은 사람이 그에 대해 말이나 행동으로 보이는 반응은 그러한 반응에 관해 스스로 가지고 있는 규칙에 의해 달라진다. 이러한 반응의 규칙은 의사소통에 관한 신념이나 과거 가족 간의 상호작용 경험에 토대를 두고 있다. 자녀가 부모에게 대들고 싶은 마음이 들더라도 과거에 대들었다가 혼이 났거나 부모가 그 일을 두고두고 반복적으로 거론하여 피곤하였던 경험이 있어서 대드는 반응을 하지 않으려 하는 것이나, 남성은 약해 보일 수 있는 말을 하지 않아야 한다는 신념이 있어서 슬픔이나 두려움의 반응을 보이지 않는 것과 같은 경우가 그에 해당한다.

> **예**
>
> 아버지가 영미의 말에 대해 실망감을 느끼고 무시당하는 느낌도 들지만, 그런 말을 하면 체면이 손상된다는 생각 때문에 그렇게 이야기하지 않는다. 대신에 영미에게 인사를 하지 않는다고 화를 내는 반응을 한다.

가족 간의 의사소통에서 나타나는 반응은 겉으로 즉각적으로 나타나더라도 내면적으로 이와 같은 과정을 거쳐서 이루어진다. 그러므로 이러한 과정을 구체적으로 상담자와 함께 검토하면 의사소통이 더욱 효과적이고 명료하게 이루어질 수 있다. 이를 위해 각 단계별로 다음과 같은 질문을 사용할 수 있다. 물론 이 질문들은 기계적으로 나열하는 것이 아니라 상담과정에서 경청 · 반영 등 다른 상담기법과 함께 조화롭게 활용하여야 할 것이다.

① 감각적 입력: "무엇이 들립니까?" "무엇이 보입니까?"
② 의미부여 : "방금 들은 것, 본 것에 관해서 어떤 생각이 듭니까?" "어떻게 해석합니까?" "어떤 의미를 부여했습니까?"
③ 의미에 관한 감정: "어떤 느낌이 듭니까?" "그 생각(해석, 의미)에 대해 어떻게 느낍니까?"
④ 감정에 관한 2차적 감정반응: "그 느낌에 대해 어떻게 느낍니까?"
⑤ 방어: "그 느낌에 어떻게 대처했습니까?" "그 느낌을 어떻게 다룹니까?"
⑥ 반응의 규칙: "그 느낌을 언급하는 것과 관련해서 어떤 규칙이 있습니까?"

예

상담자가 영미 아버지와 상담을 진행하는 과정에서 며칠 전에 일어났던 앞의 상황을 다시 돌아보면서 아버지의 내면적 과정을 살펴보는 질문을 하는 예를 살펴보자. 상담 실제에서는 상담자의 경청 및 반영 과정이 더 포함되어야 하지만 여기서는 질문과 답만 추려서 제시한다.

상담자: 아버님께서 집에 계신데 영미가 집에 돌아왔던 때로 다시 돌아가 보도록 하지요. 영미가 현관에 들어오면서 아버지를 보고 말을 합니다. 무엇을 들으십니까? 그리고 무엇을 보십니까?

아버지: 영미가 "어, 아빠가 집에 있네."라고 말하네요.

상담자: 보이는 건 무엇인가요?

아버지: 제가 TV를 보고 있어서 영미를 자세히 보지는 못했는데, 아마 그렇게 말하고는 신발을 벗고 바로 자기 방으로 간 것 같아요.

상담자: 지금 들은 것과 본 것에 대해 어떤 생각이 들었습니까?

아버지: '얘가 나를 무시하고 인사도 제대로 안 하는구나.' 하는 생각이 들었어요.

상담자: 영미가 아버지를 무시한다는 생각이 드시니까 어떤 느낌이 드셨나요?

아버지: 글쎄요, 그렇게 기분이 좋진 않죠. 애가 아버지를 보고 반가워하지도 않고 그냥 "어, 아빠가 집에 있네." 그러고는 자기 방에 가 버리면 누구나 기분이 좋을 순 없지 않습니까?

상담자: 무시당한다는 생각에 기분이 좋지 않으셨군요. 그렇게 기분이 좋지 않은 것에 대해서 어떤 느낌이 드셨습니까?

아버지: 좀 비참한 느낌도 들었지만, 사실 황당하다는 느낌이 더 많았던 것 같아요.

상담자: 그 비참한 느낌과 황당한 느낌을 어떻게 다루셨나요?

아버지: 그냥 더 이상 생각 안 하고 지나가 버리는 거지요. 아버지에게 왜 인사도 안 하냐고 영미에게 한마디 하고선 TV만 다시 봤지요.

상담자: 아이에게 무시당한다는 생각에 기분이 나쁘고 비참한 느낌이 드실 때 그런 느낌을 언급하는 것과 관련해서 아버님 마음에 어떤 규칙이 있을 것 같습니다. 어떤 규칙을 가지고 계실까요?

아버지: 제가 아이의 말 때문에 비참한 느낌이 든다고 얘기하면 너무 속 좁고 나약한 아빠로 보일 거 같아요. 걱정도 시킬 거 같고……. 그런 말은 안 하는 게 좋지요.

의사소통 훈련

　의사소통은 언어적·비언어적 행동으로 이루어지므로, 어떤 것이 효과적 의사소통 방법인지 머리로 이해하는 것만으로는 불충분하며 행동으로 실행되어야 한다. 따라서 효과적 의사소통 방법을 상담 장면에서 직접 훈련하는 것은, 가족이 실제로 해 보는 기회를 가지게 함으로써 학생과 부모에게 큰 도움이 될 수 있다. 보통 교사(상담자)가 효과적 의사소통 행동이 어떤 것인지 가족에게 직접 가르치거나 시범을 보인 후에, 가족이 이를 상담 장면에서 시도해 보도록 격려하며 피드백을 주는 과정으로 이루어진다. 필요시 교사(상담자)의 피드백을 고려하여 다시 시도하도록 권유하고 피드백을 주는 과정을 되풀이한다.

　다음에 제시되는 의사소통 훈련의 주요 내용들은 보호자상담이나 가족상담을 진행하는 과정에서 해당 가족에게 필요하다고 보이는 부분들만 선택하거나 전체를 차례로 시도하는 등 교사의 판단에 따라 적절히 활용할 수 있다. 그뿐만 아니라 학생집단을 대상으로 효과적 의사소통 행동을 배우게 하는 교육 프로그램으로 활용하는 것도 좋다.

　다음에 제시된 내용들을 보면, 의사소통 훈련이란 단순히 말 잘하기 훈련이 아님을 알 수 있다. 메시지를 전달하려는 사람이 정확하게 전달할 수 있게 하는 것뿐만 아니라 메시지를 받는 사람이 관심을 기울이며 잘 듣고 또 받은 메시지의 정확도를 확인하는 과정이 중요하게 포함되어 있어서, 그 중요성을 학생과 부모가 깨닫도록 하는 것도 목적이다.

1) 관심 기울이기

메시지를 전달하려는 사람에게 관심을 기울이는 것은, 효과적 의사소통이 이루어지게 하는 기반이 된다. 또한 관심을 기울여서 상대방의 의사를 정확히 이해하려고 노력하고 있다는 것을 언어적·비언어적으로 알리는 것도 중요하다. 가족 내 의사소통에서 관심 기울이기 능력을 향상시키기 위해서 교사(상담자)가 효과적인 경우와 비효과적인 경우를 대비하면서 설명하는 것부터 시작해도 좋다. 혹은 관심을 기울이는 방법에 대해 학생 및 부모와 이야기를 먼저 나누는 것으로 시작할 수도 있다. 자신이 이야기할 때 상대방이 관심을 기울이고 있고 자신이 전달하려는 바를 정확히 이해하려고 노력한다는 것을 어떻게 알 수 있었는지, 그러한 때는 언제였는지, 그렇지 못한 때는 어떠했는지 등에 관해 경험을 나누면서 관심을 기울이고 있음을 표현하는 방법을 함께 찾아내는 것도 좋다.

중요하게 포함되어야 하는 효과적인 관심 기울이기 방법은 좋은 자세(이완되고 편안한 자세), 시선의 접촉(부드러운 시선), 즉각적인 언어반응(상대방의 말이 끝난 후 곧바로 반응) 등인데, 이러한 점들을 이해한 후에는 상담 장면에서 학생 및 부모가 직접 시도해 보도록 권유하고 교사(상담자)가 피드백을 주는 과정이 포함되어야 효과적이다.

2) 받은 메시지의 확인

메시지를 받는 사람이 상대방의 생각, 정보, 제안, 경험, 느낌 등을 정확히 이해하고 있는지 확인하는 것이다. 상대방의 마음이 어떤지 다 알고 있다고 가정하거나 넘겨짚지 않고, 자신이 들은 것, 이해한 것이 정확한지 메시지 전달자에게 확인하는 것은 의사소통이 효과적으로 이루어지게 하는 데 매우 중요하다.

예1

어머니는 명주가 집에 돌아오면 먼저 자기 할 일부터 하고 놀아야 된다고 하지만 명주가 그렇게 하지 않아서 어머니와 명주는 거의 매일 다투고 있다.

어머니: 그동안 명주가 저랑 싸울 때마다 공부하기 싫다, 숙제하기 싫다고 짜증을 많이 냈어요.

교사: 어머니 원하시는 대로 명주가 하기 싫고 하기 힘들었던 걸로 보이는데, 명주도 나름대로 집에서 시간을 어떻게 보내고 싶은지 생각이 있을 걸로 생각됩니다.

명주: 엄마는 제 얘기를 잘 들어 보지도 않고, 그냥 짜증만 낸다고 화를 내요. 그러니까 엄마랑 더 말하기 싫다니까요.

어머니: 내가 언제 네 말을 안 들었다고 그러니?

교사: 그동안 어머니와 명주 간에 하교 후 집에서 시간을 어떻게 보내는 것이 좋을지에 대해 충분히 대화가 안 됐던 것 같습니다. 그럼 이렇게 한번 해 보지요. 하교 후 집에 왔을 때 시간을 어떻게 보내는 게 좋을지 먼저 명주가 자기 생각을 어머니에게 말해 보도록 하고, 어머니는 명주의 말을 들은 후 정확히 들은 건지 확인해 보는 대화를 여기서 한번 해 보시기 바랍니다.

명주: 저는 집에 오면 우선 쉬고 싶어요. 그래서 인터넷 좀 하면서 쉬고 있으면 엄마는 화부터 내지만, 일단 좀 쉬고 나서 숙제를 하면 기분도 좋고 공부도 더 잘될 것 같아요.

교사: 지금 명주가 한 이야기를 어머니가 정확히 이해하셨는지 명주에게 확인해 보시기 바랍니다.

어머니: 그러니까 너는 집에 오면 일단 인터넷을 하든지 좀 쉬고 나서 숙제든 공부든 하는 게 더 효과적일 거라고 생각한다는 거니? 이렇게요?

명주: 네, 맞아요.

교사: 어머니가 명주의 말을 정확히 이해했는지 확인하셨고, 잘 이해하셨다고 명주가 답을 해 주었네요.

예2

현우는 학급에서 작은 일에도 신경질적이거나 짜증 내는 행동을 많이 해서 친구들이 '신경질쟁이'라고 부른다. 교사가 현우 및 어머니와 함께 상담하는 자리에서 학교생활이 어떤지 현우에게 질문하였다.

교사: 현우야, 요즘 학교생활이 어떤지 말해 줄 수 있겠니?

현우: 전 매일매일 피곤해요.

어머니: 현우는 집에서도 저 말을 잘해요. 놀 시간이 모자란다고 불평하면서 피곤하다 그래요.

현우: 정말 맨날 공부만 해야 되고, 놀 시간은 별로 없어요. 엄마가 나가지 말래요.

어머니: 그거야 네가 엄마랑 한 약속을 안 지키니까 그런 거지. 약속시간에 공부를 마치면 나가 놀 수 있는데, 네가 자꾸 딴짓하느라 그렇게 된 거지.

현우: 아, 엄마는 맨날 나보고 딴짓한다 그러면서 약속을 안 지켜서 그렇다 그래. 약속을 안 지킨 건 엄마잖아.

교사: 어머니가 들으시기에 현우가 지금 어떤 느낌을 말했다고 보십니까?

어머니: 글쎄요, 화난 거 아닐까요?

교사: 현우에게 확인해 보시겠습니까? 어머니가 현우의 느낌을 정확하게 이해하신 것인지를 지금 한번 물어보시기 바랍니다.

어머니: 엄마가 약속을 안 지키고 나가지 못하게 해서 엄마한테 화난 거 같은데, 맞니?

현우: 엄마한테 화도 나고, 맨날 공부만 해야 되니까 피곤해서 더 화가 나지.

예3

초등학교 4학년 상민이와 부모가 함께 했던 상담에서, 상대방이 전달한 것에 대해 자기가 이해한 바를 확인하는 것이 중요하다는 점을 상담시간 중에 다루고 실제로 서로의 말이 지닌 의미를 확인해 보는 과정을 가졌다. 다음 상담시간에 다시 모였을 때 아버지와 아들의 이야기가 다음과 같이 이어졌다. 아들이 나름대로 아버지 말의 의미를 확인해 보려는 시도를 했으며, 이를 통해 가족 간 의사소통이 발전하고 있다는 것을 알 수 있다.

아버지: 말투를 온화하게 하려고 애를 많이 썼지만 생각보다 잘 안 되더군요. 여기서 선생님 앞에서 해 볼 때는 어려워도 그럭저럭 했던 거 같은데……. 언어습관이란 게 참 무섭구나 생각했습니다. 한 번은 상민이가 화가 난 건지 그냥 말투가 그런 건지 확인하려고 제 얼굴을 빤히 쳐다보는데 좀 당황스럽기도 하고 미안하기도 했어요.

상민: 아빠가 화내는 것처럼 말할 때 진짜 화내는 건지 그냥 말투가 그런 건지 알아내려고 용기를 내서 아빠 얼굴을 한 10초쯤 봤어요. 그랬더니 화를 내는 게 아니란 걸 알았어요. 그래서 아빠가 덜 무서워졌어요.

3) 자신의 느낌 말하기

상대방의 메시지를 받은 사람은 그에 대해 다양한 감정을 느낄 수 있는데, 그런 느낌을 어떻게 표현하는지는 효과적 의사소통에서 매우 중요한 부분이다. 나 전달법(I-message)를 사용하여 자신의 느낌을 솔직하고 비공격적으로 표현하면, 깊이 있고 효과적인 의사소통이 가능해진다. 그러나 간접적으로 말을 돌리거나 비꼬는 표현, 과격한 말과 행동으로 상대방을 공격하는 표현은 의사소통이 중단되고 관계가 악화되는 결과를 가져온다. 따라서 들은 메시지에 대한 자신의 느낌을 진솔한 말로 표현할 수 있도록 돕는 것은 의사소통 훈련에서 핵심적인 부분이다.

예1

현우: 엄마한테 화도 나고, 맨날 공부만 해야 되니까 피곤해서 더 화가 나지.

어머니: 아니, 엄마가 약속을 안 지킨 게 아니라 네가 자꾸 딴 짓해서 약속시간에 마치지 못해서 그런 거잖아. 그리고 맨날 공부해야 되는 게 학생이면 할 수 없는 거지 그걸 갖고 엄마한테 화를 내면 어떡하니?

교사: 어머니, 현우가 어머니에게 화나고 또 매일 공부만 해야 되는 거 같아서 피곤하고 화난다는 말씀을 들으시니까 어떤 느낌이 드시나요?

어머니: 선생님 앞에서 저더러 약속을 안 지켰다 그러면서 화를 내니, 창피하기도 하고 당황스럽네요.

교사: 어머니의 그런 느낌을 현우에게 그대로 말로 표현해 보시기 바랍니다.

어머니: 선생님 앞에서 네가 그렇게 말하니 엄마가 창피하고 당황스럽다. 이렇게요?

교사: 네, 어머니가 느끼신 대로 어머니 마음을 그렇게 표현하시는 겁니다. 현우야, 어머니가 창피하고 당황스럽다고 느끼신다는 말을 들으니까 어떠니?

예2

> **아버지:** 우리 애가 학교에서 왕따를 당한다니까 정말 화가 나지요. 왕따 시키는 애들에게도 화가 나지만, 왜 왕따를 당하고만 있는지 바보 같아 보이고 속상해서 가끔 애한테 그럴 거면 학교를 관두라고 소리를 지르게 돼요.
>
> **교사:** 인화가 학교에서 왕따를 당하는 데 대해서 화나고 속상하셔서 인화에게 학교를 관두라고 소리를 지르기도 하셨다는 거군요. 아버님이 느끼신 감정 그대로 표현한다면 어떻게 하실지 지금 인화에게 말씀해 보시겠습니까?
>
> **아버지:** 저는 가족에게 감정을 표현하는 게 서툴러서 그냥 소리를 지르고 나중에 후회하는 적이 많은데…….
>
> **교사:** 지금 인화에게 아버님의 감정을 한번 표현해 보시지요.
>
> **아버지:** 우리 인화가 아빠에겐 정말 귀한 딸인데 학교에서 나쁜 애들이 왕따를 시킨다니 아빠는 진짜 화나고 속상하다. 아빠가 화나고 속상해서 너한테 학교를 관두라고 소리 질렀던 거 미안하다.
>
> **교사:** 인화야, 아빠 말씀을 들으니까 어떤 마음이 드니?
>
> **인화:** 아빠가 학교를 관두라고 소리 질러서 섭섭했는데, 지금 아빠 말을 들으니까 아빠가 왜 그렇게 소리를 질렀는지 알겠어요. 그냥 아빠가 지금처럼 화나고 속상하다고 말씀하셨으면 좋았을 거 같아요.
>
> **교사:** 지금 아빠 말씀을 듣고 나니 어떤 느낌이 드니?
>
> **인화:** 아빠가 아직 무섭긴 하지만 고맙다는 생각이 들어요.

4) 피드백 주고받기

가족 간 의사소통은 말로만 이루어지는 것이 아니라 행동으로도 이루어진다. 상대방의 행동으로 인해서 자신이 어떤 영향을 받는지, 상대방의 말과 행동이 자신에게 어떤 결과를 초래하는지에 대해서 분명한 표현을 하지 않고 지나가게 되면, 가족구성원 간 피드백 정보가 불충분하고 불분명해지기 쉽다. 그러므로 교사(상담자)는 피드백 정보가 불분명하거나 누락되어 가족 간 의사소통이 원활하지 못하다고 여겨질 때, 분명한 피드백을 주고받도록 권유하여 의사소통의 효율성을 높이도록 도울 필요가 있다.

특히 고마움, 함께 있으니 행복함, 좋아하는 특성이나 행동 및 긍정적인 느낌을 주는 경험들에 대해 구성원 간에 서로 긍정적인 말과 행동을 주고받는 빈도가 낮은 경우에, 긍정적인 말과 행동으로 피드백을 주고받도록 상담자가 권유하고 가르치는 것이 매우 중요하다. 가족 내 갈등이나 문제가 심화된 경우, 구성원들 간에 부정적인 말이나 행동을 주고받는 빈도는 높아지는 반면 긍정적인 말과 행동을 주고받는 빈도는 낮아지는 경향이 있다. 그렇게 되면 가족관계가 더욱 악화되고 악순환에 빠지기 쉬우므로, 긍정적인 말과 행동의 빈도가 높아지도록 돕게 되면 의사소통 패턴의 향상과 함께 관계의 어려움을 해결할 가능성도 높아진다.

예1

교사: 인화야, 방금 아빠가 무섭긴 하지만 고맙다는 생각이 든다고 했는데, 아빠에게 무엇이 고마운지 이야기해 볼래?

인화: 아빠가 저를 왕따 시킨 애들에게 화나고 속상하시다는 건 아빠가 절 사랑하신다는 거니까 고맙죠. 그리고 아빠가 좀 전에 저를 귀한 딸이라고 하신 것도 고맙고요.

교사: 그 말을 아빠에게 직접 해 보면 좋겠다.

인화: 아빠, 저를 사랑하고 귀한 딸이라고 생각해 주셔서 고마워요. 저도 아빠에게 좋은 딸이 되고 싶어요.

교사: 아버님께선 지금 인화의 말을 듣고 어떤 마음이 드시는지 인화에게 말씀해 보시지요.

아버지: 아빠가 그동안 우리 인화를 사랑하고 귀하게 생각한다는 걸 말로 표현을 안 해서 인화가 아빠를 무서워하고 서운해했다니 미안하다.

교사: 인화의 성격이나 말이나 행동들 중에서 아버님이 특별히 좋게 여기시는 점이 무엇인지 인화에게 이야기해 주신 적이 있으신가요?

아버지: 글쎄요, 별로 기억나는 게 없네요. 사랑한다는 표현도 잘 안 했고…….

교사: 지금 한 가지만 이야기해 주시면 어떨까요?

아버지: 우리 인화는 참 착해요. 제가 학교를 관둬 버리라고 소리를 질러도 대들지도 않고, 동생에게 뭐든지 양보하고…….

교사: 아버님이 보시기에 인화가 착한 것을 참 귀하게 여기시는군요. 인화야, 아빠가 그렇게 생각하신다는 거 알고 있었니?

인화: 아니요, 잘 몰랐어요.

교사: 지금 들으니까 어때?

인화: 기분 좋아요. 아빠가 더 가깝게 느껴지는 거 같고요.

교사: 가족 간에 서로 귀하게 여기는 점, 좋아하는 점, 고마운 점 등을 잘 표현하지 않아서 서로 상대방이 그렇게 생각한다는 걸 모르고 있는 경우가 많은데, 말로 자주 표현하면 관계에 많은 도움이 됩니다.

예2

교사: 아버님이 아이들 일에 무관심하시다고 어머님이 화내실 때 아버님이 그냥 무시하시는 것 같아서 어머님이 서운하고 더 화가 나시는 듯합니다. 아내가 화낼 때 그걸 어떻게 다루어야 될지 혹시 모르셔서 그럴 수도 있다는 생각이 드는

데, 어머님은 아버님이 도와주지 않는다고, 지지가 부족하다고 느끼시는 것 같습니다.

아버지: 그럼 제가 어떻게 해야 됩니까?

교사: 어머님에게 직접 물어보시는 게 어떻겠습니까?

5) 의사소통 게임

언어적 의사소통과 비언어적 의사소통이 일치되는 것이 중요하다는 점 및 의사소통의 복합성을 가족이 경험을 통해 깨달을 수 있도록 다음과 같은 게임 활동을 활용할 수 있다. 이러한 활동은 차례대로 이어서 경험하도록 하거나, 가족의 상황과 의사소통 특성을 고려하여 선택적으로 경험하도록 할 수 있다. 어떤 활동을 선택하여서 경험하든지 그 활동을 실제로 해 본 후에는 반드시 활동을 통하여 느낀 점이나 깨달은 점을 함께 나누는 과정이 포함되어야 하며, 집에서 가족들 간에 해 오던 의사소통 패턴과 연결 지어 보는 과정도 필요하다.

① 두 사람의 구성원이 서로 등을 맞대고 이야기하도록 한다.
② 서로 마주 보되, 신체적 접촉은 하지 말고 말도 하지 말고, 눈으로만 뜻을 주고받도록 한다.
③ 말은 하지 않고, 서로 눈을 마주 보며 신체적 접촉을 통해 뜻을 주고받도록 한다.
④ 눈을 감고 말을 하지 않으면서 손을 잡거나 신체적 접촉을 통

해 뜻을 주고받도록 한다.

⑤ 손을 잡거나 신체접촉을 하지 않으면서 눈을 마주 보며 말을 주고받도록 한다.

⑥ 손을 잡고 눈을 마주 보며 서로 언쟁을 해 보도록 한다.

⑦ 한 사람은 눈을 감고 다른 한 사람은 말을 하지 않고 눈 감은 사람을 인도하여 걸어 보도록 한다.

6) 대화인형 활용하기

의사소통이 효과적으로 이루어지기 위해서는 한 번에 한 사람만 말하고 다른 사람은 끝까지 귀 기울여 들은 다음에 반응하는 것이 기본이다. 그러나 가족구성원들이 서로의 말을 끝까지 듣지 않고 끼어들거나 동시에 여럿이 말을 하는 일이 자주 발생하는 경우에는, 눈에 보이고 만질 수 있는 물체를 활용하면 대화 순서를 지키는 데 도움이 된다(Hecker, 1993).

한 번에 한 사람씩만 말하도록 상담자가 여러 번 말로 권유해도 자꾸만 혼란스러운 의사소통 패턴을 보이는 가족의 경우에는 상담자가 인형이나 공을 하나 마련해 두었다가 가족에게 보여 주면서, 이 인형(공)을 안고 있는 사람만 말을 할 수 있고 나머지 사람들은 말하는 사람이 인형(공)을 넘겨줄 때까지 기다려야 한다고 알려 준다. 인형(공)을 안고 있지 않은 사람은 조용히 귀 기울여 듣기만 해야 하며, 자기 차례가 와서 인형(공)을 안게 될 때까지 기다리라고 한다. 작은 인형이나 딱딱하지 않은 공 등 손에 쥘 수 있는 크기이면서 가족이 친숙하고 편안하게 여길 수 있는 물체라면 무엇이든 활용할 수 있다.

　이 방법은 간단하지만 가족이 의사소통 시에 경청하는 행동을 증가시키며 자신의 의사소통 행동을 스스로 책임지도록 돕는 비위협적인 방법이 될 수 있다. 어린 자녀들도 이 방법의 의미를 쉽게 파악할 수 있어서 부모도 자녀들의 말을 끊지 않고 경청하려고 조심하게 되어 혼란스러운 의사소통 패턴을 빨리 개선하는 효과가

있다. 상담시간에 이 방법의 효과를 경험한 후에, 집에서도 대화인형(공)을 하나 마련하여 눈에 잘 띄는 곳에 두고 필요시 활용하도록 할 수 있다.

제13장

•

변화를 위한 개입방법 III
: 생각의 변화

사람의 생각과 감정 및 행동은 서로 영향을 주고받기 때문에, 가족구성원의 생각이 바뀌도록 도우면 가족의 감정과 상호작용 행동도 변화할 수 있다.

이 장에서는 학생과 가족의 비현실적 · 비합리적 신념 및 왜곡된 인지과정이 변화하도록 교사가 돕는 과정을 구체적으로 제시한다. 기존 상황에 새로운 의미를 부여하거나 외재화하는 재정의기법도 살펴본다.

인간의 생각·감정·행동이 서로 영향을 주고받는다는 점은 가족관계에서도 마찬가지로 나타난다. 가족의 상호작용 패턴에 변화가 일어나면 생각과 감정의 변화도 따라서 일어날 수 있고, 역으로 생각의 변화가 상호작용 행동과 관계의 변화를 가져올 수도 있다. 여기서는 생각의 변화에 초점을 맞춘 개입방법을 제시한다.

비합리적·부적응적 인지의 변화

가족 중 일부나 전체를 대상으로 비현실적·비합리적 신념 및 왜곡된 인지과정을 탐색하고 수정하는 인지상담 기법을 적용할 수 있는데, 그 기법은 개인상담에서 활용하는 인지상담 기법과 기본적으로 같은 과정을 거친다. 다만 그 과정에서 가족 중 특정인이 다른 구성원들의 비난이나 공격의 대상이 되지 않도록, 또 교사(상담자)가 가족 중 어느 쪽을 편들거나 공격하는 것으로 보이지 않도록 조심하여야 한다.

1) 인지적 재구조화의 필요성에 대한 교육

가족구성원 일부나 전체에게 생각과 감정 및 행동의 연관성에 대해 가르치는 단계이다. 특히 가족관계에 있어서 상대방에 대한 정서적 반응을 결정하는 데는 사건이나 행동 자체만큼 그 사건이나 행동에 대한 생각의 내용과 생각하는 과정이 중요함을 가르친다. 또한 절대적이거나 부정적인 생각들이 가족구성원들의 입장을 어떻게 양극화할 수 있는지, 그러한 생각들이 초래하는 부정적 감정들이 문제해결에 얼마나 지장을 주며 가족 간 의사소통을 비난과 방어에 치우치게 할 수 있는지도 설명한다. 물론 각 가족의 교육수준 및 배경에 알맞게 설명이 이루어져야 하는데, 제8장에서 제시한 역기능적 가족관계 신념들을 예로 들며 설명하면 효과적이다.

예1

　　"우리가 가진 생각은 감정과 행동에 많은 영향을 줍니다. 이는 가족에서도 마찬가지입니다. 어떤 사건이 일어나거나 상대방이 어떤 행동을 할 때 우리가 어떻게 반응하는지를 한 번 생각해 봅시다. 아이가 집에 와야 할 때가 한 시간이나 지났는데 돌아오지 않고, 전화를 걸어도 받지 않는다고 해 봅시다. 평소에 착실하고 약속을 잘 지키는 아이라고 부모가 믿고 있었다면, '왜 연락도 없고 집에 안 오지?'라며 걱정을 할 것입니다. 그러나 기회만 되면 다른 길로 새고 놀 궁리만 하는 아이라고 부모가 평소에 생각하고 있었다면, '또 어디로 새서 누구랑 놀고 있겠구나. 일부러 전화도 안 받는 걸 거야.'라며 의심하고 화를 내겠지요."

예2

　　"'아이들은 부모의 말에 항상 복종해야 돼.'라고 믿는 부모와 '아이들도 자기 생각이 있지. 그러니 부모가 아이더러 항상 복종하기를 요구하는 건 비현실적이기도 하고 별로 옳은 것도 아니야. 부모는 중요한 것을 아이에게 잘 가르치고 지킬 수 있도록 지도해야 되지만, 부모도 자기 생각이 정말 옳은 것인지 자주 점검을 하고 또 아이 생각도 존중하는 노력을 해야 돼.'라고 믿는 부모를 비교해서 생각해 봅시다. 아이가 자기 마음대로 뭔가를 하고 싶다고 주장할 때 이 부모들이 어떻게 다르게 반응할까요? 앞의 부모는 '뭐, 제멋대로 하고 싶다고? 그건 말도 안 되지. 커서 뭐가 되려고 그래?'라며 화를 내고 아이를 억누르려 하겠지요. 아마 예전에도 이런 일이 비슷하게 있었거나 부모가 이렇게 나올 걸 알고 아이는 아예 자기 마음대로 하고 싶다는 말도 못 꺼낼 가능성이 높습니다. 그러나 뒤의 부모는 '그래? 네가 하고 싶은 게 뭔지 엄마 아빠에게 좀 더 자세하게 얘기해 줄 수 있겠니? 우리 같이 한 번 곰곰이 생각해 보자.'라며 의논을 시작하겠지요. 또 아이도 그런 부모의 반응을 예측하여 자기가 원하는 대로 하고 싶다는 말을 좀 더 쉽게 꺼낼 겁니다."

예3

"극단적이거나 절대적인 생각, 또 지나치게 부정적인 생각들은 문제해결에 많은 지장을 주고, 가족 간에 대화를 단절시키거나 비난과 방어에 치우치게 만들기 쉽습니다. 혹시 우리 가족에게는 이런 생각들이 없는지 찾아봐서 가족관계에 해가 되지 않도록 할 필요가 있습니다."

2) 비현실적 · 부적응적 신념의 내용 및 인지과정 탐색

상담의 대상인 개인이나 가족이 가지고 있는 비현실적 · 역기능적 · 비합리적인 신념의 내용 및 왜곡된 인지과정을 탐색하는 과정이다. 앞의 제8장에서 제시한 신념이나 인지과정을 예로 들면 진행하는 데 도움이 될 것이다.

일부 가족구성원은 자신의 생각내용이나 인지과정을 분명하게 인식하고 이야기할 수 있겠지만, 초등학교 고학년 이하의 아동에게는 너무 어려운 과정일 수 있으며 심지어 성인이라도 이런 과정을 어렵게 여기는 경우들도 있다. 따라서 일반적인 가족들에 비해서 가족구성원 간에 서로의 어떤 행동에 대해 훨씬 격한 감정적 반응을 보이거나, 탐색 및 의사결정 과정에서 비합리적인 완고함이 나타나는 경우, 비합리적·부적응적 신념이나 인지과정이 저변에 깔려 있을 가능성을 염두에 두고 상담자가 먼저 가설을 세운 다음 가족과 함께 그 생각의 내용이나 과정이 무엇인지를 탐색하는 것이 효과적이다. 이러한 탐색과정에서 가족이 방어적이 되지 않도록, 또 특정 구성원을 공격하거나 비난하지 않도록 유머나 비유법을 사용하면 좋다.

예

정미의 학업성취는 중간 정도인데 오빠는 상위권이다. 정미는 춤을 잘 추는데, 어머니는 정미가 잘하는 것이 하나도 없다고 말한다. 다음 과정에서 어머니는 '파멸(비극화)', 정미는 '악의'와 관련된 역기능적 인지의 예를 보여 준다.

교사: 정미가 학급에서 춤을 제일 잘 춘다고 아이들이 부러워합니다. 어머니, 어떻게 생각하세요?

어머니: 아니, 공부를 해야지, 춤이야 아무리 잘 춰도 뭐합니까? 춤을 자꾸 추면 오히려 공부에 관심이 더 적어지고 더 못하게 돼서 결국 인생에서 실패할 게 뻔하지요.

교사: 춤을 추면 공부에 관심이 적어지고 공부에 관심이 적어지면 더 못하게 되고, 그렇게 되면 결국 정미 인생이 실패로 끝날 것이라고, 계속 나쁜 쪽으로만, 비극적으로 될 가능성만 이야기하시는군요. 춤을 잘 추는 게 인생 실패로 가는 길 같네요.

> **어머니:** 꼭 실패한다는 게 아니라…… 춤으로도 성공하는 사람이 없지는 않지만,
>   워낙 어렵잖아요.
>
> **교사:** 성공하기 어렵다는 것 때문에 걱정스러우셔서 아예 불가능하다고, 인생에
>   서 실패할 거라고 말씀하신 거군요. 어머니의 말씀을 듣고 정미가 어떤 마음이
>   들었을까 궁금합니다.
>
> **어머니:** 제가 자길 위해서 그러는지 알아야 될 텐데, 정미 하는 걸 보면 모르는 거
>   같아요.
>
> **교사:** 정미야, 네가 직접 이야기해 볼 수 있겠니?
>
> **정미:** 엄마는 절 위해서 그러는 거 같지 않아요. 절 미치게 하려고 일부러 그렇게
>   말하는 거 같아요. 엄마는 원래 오빠만 예뻐하거든요.

3) 비현실적 · 부적응적 인지 검토하기

신념의 내용이나 인지과정의 비합리성과 비현실성을 가족이 깨
달을 수 있도록 검토하는 과정이다. 상담자는 유머나 비유 및 과장
법을 적절히 활용하여, 가족이 자신의 인지과정이나 내용을 한 걸
음 뒤에 물러서서 객관적으로 검토할 수 있도록 하되 조심스럽게
접근한다. 앞의 예에서 어머니에게 교사가 "춤을 잘 추는 게 인생
실패로 가는 길 같네요."라고 과장한 것이 어머니로 하여금 자신의
생각을 점검해 보게 하는 기회가 되었지만, 비꼬는 말투를 사용한
다면 어머니를 방어적으로 만들 우려가 있다.

특정 신념을 검토할 때 그 신념을 지지하는 증거와 반론하는 증
거를 수집하도록 하는 것도 좋은 방법이다. 수집된 증거들의 원천
과 내용은 무엇이며, 그러한 증거들에 비추어서 내린 결론이 얼마

나 타당한 것인지, 또 빠뜨린 증거는 없는지 등을 천천히 짚어 보면서 조심스럽게 접근하여 신념의 비합리성과 부적절성을 스스로 깨닫도록 도와야 한다.

예

교사: 정미야, 엄마가 널 미치게 하려고 일부러 그렇게 한다고 말했는데, 네 생각이 맞다는 증거들과 틀리다는 증거들을 한번 찾아보자. 우선, 네 생각대로 엄마가 널 미치게 하려 하신다는 증거들은 뭐가 있을까?

정미: 춤만 추고 공부는 안 하면 어쩌려고 그러냐고 소리 지르는 거요. 그런 소리를 들으면 제가 미치는 거 엄마가 알거든요.

교사: 또 다른 증거는?

정미: 제 앞에서 오빠를 칭찬하는 거요.

교사: 춤만 추고 공부는 안 한다고 어머니가 소리 지르시는 거랑, 정미 앞에서 오빠를 칭찬하는 게 정미는 참 많이 힘들고 속상했구나. 혹시 또 다른 증거도 있을까?

정미: 다른 건 생각나는 게 없어요.

교사: 그럼, 엄마가 널 미치게 하려 하신다는 네 생각이 틀리다는 증거도 있는지 찾아보자.

정미: 그건 잘 모르겠어요.

교사: 예를 들자면, 엄마가 오빠 앞에서 정미를 칭찬하신 적이 있다거나, 엄마가 너 좋아하는 음식을 만들어 주신다거나······.

정미: 그런 거야 있지요. 사실 엄마랑 저랑 사이좋을 때도 많아요. 엄마가 쇼핑은 거의 저랑 가거든요. 제가 보는 눈이 있다고 엄마 옷을 살 때는 꼭 저를 데리고 가요.

교사: 그럼 엄마가 정미를 일부러 미치게 하려 하신다고 했던 정미 생각이 맞다는 증거도 있고 틀리다는 증거도 있는 거네. 그러니까, 엄마가 공부를 안 한다고

소리 지르시거나 정미 앞에서 오빠를 칭찬하는 게 정미를 많이 힘들고 속상하게 했다는 건 선생님이 알겠는데, 그게 꼭 정미 생각대로 어머니가 일부러 정미를 미치게 하려고 그러셨을까에 대해서는 의문이 드네. 정미가 어머니에게 한 번 물어보면 어떨까? 어머니 속마음은 어머니가 제일 잘 아실 테니까.

정미: 엄마, 나 공부 안 한다고 소리 지르고 내 앞에서 오빠 칭찬한 거 엄마가 나 미치게 하려고 그런 거 아녜요?

어머니: 엄마가 왜 너를 미치게 하고 싶겠니? 엄마는 그냥 네가 공부를 좀 더 열심히 했으면 하는 마음에 그런 거야. 네가 춤을 잘 추는 거 엄마도 알고, 인정해. 그렇지만 그동안 춤 잘 추는 거를 인정 안 한 건, 네가 춤추는 데 들이는 노력의 반만이라도 공부에 들이면 훨씬 더 잘할 거 같아서 그런 거지.

교사: 어머니 말씀 들으니까, 어떤 마음이 드니?

정미: 엄마가 저 춤 잘 추는 거 인정한다는 말을 들으니까 기분이 좋아요. 그리고 저에게 공부를 좀 더 열심히 하라고, 또 공부도 잘할 수 있을 거라고 엄마가 그렇게 말했다는 걸 들으니까, 제가 엄마 말을 너무 나쁘게만 받아들였던 거 같아요.

4) 바람직한 대안적 생각의 탐색

자신의 신념이나 인지과정이 비합리적 · 비실용적 · 비현실적임을 인식하고 그러한 생각이 자신의 행동과 감정 및 가족관계에 부정적 영향을 준다는 것을 깨닫고 난 후에도 좀 더 적응적인 대안을 갖지 못하는 경우도 있다. 지금까지의 생각이 비현실적 · 부적응적임을 깨달아서 그 생각을 버렸지만 새로운 적응적 대안을 찾지 못하여 생각이 텅 빈 것처럼 어떻게 생각해야 할지 모른다는 느낌에 빠지거나, 혹은 반대쪽 극단으로 가는 것이 유일한 대안인 것처럼 생각할 수도 있다. 따라서 교사(상담자)는 가족과 함께 좀 더 바람직하고 적응적인 대안을 탐색할 필요가 있다.

'항상' '절대로' '반드시 ~해야 한다' 등의 절대적·극단적인 생각들은 '가능하면 자주' '가능하면 더 많이' '~하면 좋겠다' '~되기를 바란다' '~되면 참 기쁘겠다' 등의 융통성 있고 잠정적인 쪽으로 변화될 수 있도록 돕는다. "이 상황에 대한 가장 적절하고 현실적인 생각은 무엇일까요?" "이런 상황에 대해서 대부분의 가족은 어떻게 생각할까요?" "이 문제에 대한 중립적 입장은 무엇일까요?" 등의 질문을 활용하는 것도 좋다.

예

> **교사:** 춤을 추면 공부에 관심이 적어지고 공부에 관심이 적어지면 더 못하게 되고, 그렇게 되면 결국 정미 인생이 실패로 끝날 것이라고, 계속 나쁜 쪽으로만, 비극적으로 될 가능성만 이야기하시는군요. 춤을 잘 추는 게 인생 실패로 가는 길 같네요.
>
> **어머니:** 꼭 실패한다는 게 아니라⋯⋯ 춤으로도 성공하는 사람이 없지는 않지만, 워낙 어렵잖아요.
>
> **교사:** 성공하기 어렵다는 것 때문에 걱정스러우셔서 아예 불가능하다고, 인생에서 실패할 거라고 말씀하신 거군요. 이 점에 대해 좀 더 중립적인 입장은 무엇일까요?
>
> **어머니:** 글쎄요, 춤으로 성공하는 건 공부로 성공하는 것보다 어렵다?
>
> **교사:** 그 중립적 입장을 정미의 상황과 연결시키면 어떻게 생각할 수 있을까요?
>
> **어머니:** 춤으로 성공하는 건 공부로 성공하는 것보다 어렵고, 저는 정미가 대학을 가기 바라니까 공부에 좀 더 관심을 기울이면 좋겠다 이렇게 볼 수 있겠네요.

교사: 그럼 앞으로 어머니가 어떻게 생각하시고, 또 정미에게 어머니 생각을 어떻게 전달하시는 게 좋을까요?

어머니: 정미가 대학을 가려면 춤보다 공부를 더 열심히 하는 게 중요하다. 그리고 춤을 좋아하고 많이 춘다고 인생에서 실패하는 건 아니다. 이렇게 생각하고 정미랑 좀 더 얘기를 많이 해야겠네요. 자기가 좋아하는 춤도 어느 정도 추고, 제가 원하는 대로 공부도 좀 더 할 수 있게요.

5) 기존 생각과 대안적 생각의 적절성을 검증하는 실험

기존의 비합리적·비현실적 생각에 대한 좀 더 적응적이고 바람직한 대안을 찾고 나면, 교사(상담자)는 이 두 생각을 비교검증해 볼 수 있는 실험을 하도록 제안할 수 있다. 상담자의 설득에 의해서가 아니라 가족구성원들 자신이 여러 경험을 통해 대안적 생각의 적절성을 검증할 수 있는 기회를 가짐으로써 대안적 생각에 대한 확신을 가질 수 있도록 하려는 것이다.

검증을 위한 실험은 주로 상담회기들 사이의 과제로 주어질 수 있는데, 다음과 같은 실험들이 많이 활용된다. 일부 가족은 기존 생각의 타당성을 상담 장면에서 검토하고 바람직한 대안을 탐색하는 과정만으로도 기존 생각을 버리고 대안적 생각을 반갑게 받아들이기도 한다. 그런 경우에는 이런 실험과정을 생략해도 무방하다.

① 실험 기간 동안 구성원 개인이나 가족이 두려워하던 일을 실행에 옮겨 보아서 예견했던 끔찍한 결과가 실제로 일어나는

지 알아본다.

② 신뢰할 만한 다른 사람들에게 자신의 생각이 타당한지 아닌
   지 의견을 구해 본다.

③ 가족 내에서 자신 및 상대방의 행동을 관찰하여 기존의 생각
   과 대안적 생각을 각각 지지하거나 반론하는 증거들을 수집
   한다.

④ 생각의 타당성을 검토하기 위해 다른 객관적인 자료나 영상
   들을 찾아본다.

6) 대안적 생각의 연습

생각도 습관적으로 일어나는 것이라서, 의도적으로 대안적 생각
을 하도록 반복적으로 실행해 보아야 생각의 습관을 바꿀 수 있다.
특히 '자동적'으로 일어날 정도로 습관적인 기존의 생각을 대안적 생
각이 대체할 수 있으려면, 반복적 연습과 시도의 과정이 필요하다.
그러므로 상담 장면에서 대안적 생각을 연습하도록 할 뿐 아니라 상
담회기 사이의 일상생활에서도 자신의 생각을 계속 점검하고 대안
적 생각을 의도적으로 시도하는 기회를 자주 가지도록 격려한다.

재정의

우리는 일단 상황을 어떤 특정 관점으로 보면 계속 그 관점을 유

지하는 경향이 있고, 우리의 행동은 그 '보는 방식'에 의해 결정된
다. 따라서 어떤 문제나 사건 및 상황 등에 대한 가족의 관점을 수
정하는 재정의기법을 사용하면, 다른 행동반응의 가능성을 열 수
있다(Durant, 1995). 문제나 상황을 재정의함으로써 가족의 관점이
변화되도록 돕고, 그러한 인지적 변화를 통해서 상호작용 행동의
변화가 초래되도록 돕는 것이다.

　일반적으로 가족에게 어떤 문제가 해결되지 않아 힘들었던 기간
이 길수록 그 문제 및 상황은 어떤 특정한 의미에 고착되어 있을 가
능성이 높다. 재정의기법은 상황이나 문제에 대처하는 학생이나
부모의 행동에 정면으로 도전하거나 부정하지 않으면서 그 상황과
행동에 대한 대안적 시각을 제공함으로써, 이들의 고착된 관점을
흔들어 놓고 긍정적 변화의 가능성을 높인다. 일단 어떤 상황이나
행동의 의미가 변화하면 그 상황과 행동에 대한 전형적인 반응도
달라지기 때문이다(김혜숙, 1999).

1) 새 의미 부여하기

　가장 보편적인 재정의는 상황이나 행동에 부여되던 기존의 의미
와 다른 뜻의 새 의미를 부여하는 것으로 이루어진다. 가족구성원
자신 또는 상대방의 특성이나 행동에 대해 새로운 의미를 부여하
거나, 상황이나 사건에 대해서도 새로운 의미를 부여하는 것이다.
자녀가 '반항적'이라고 보던 부모의 관점에 '성장하면서 자기주장
이 뚜렷해졌다.' '한 사람의 독립된 개인으로 서고자 하는 뜻이 강

해졌다.'라는 새로운 의미를 부여하면, 자녀의 언행에 대한 부모의 느낌과 반응이 긍정적인 방향으로 바뀔 수 있다. '우리 가족 중에 다른 사람은 다 문제가 없는데, 막내만 말썽을 부린다.'라고 보던 가족의 시각을 '막내가 학교에서 겪는 어려움을 가족이 어떻게 함께 다루고 해결할 수 있는지 아직 답을 찾아내지 못했다.'라는 새로운 시각으로 보게 되면, 어려움을 겪는 자녀를 비난하지 않고 해결의 실마리를 찾기 쉬워진다.

이렇게 새로운 의미를 부여하는 재정의기법은 어떤 상황도 긍정적 의미를 지닐 수 있고 어떤 행동도 긍정적 동기가 포함되어 있을 가능성이 있다는 인식에 기초하고 있다. 재정의를 통해서 상황이나 행동의 긍정적 측면이 부각되면, 변화의 가능성에 대한 가족의 의지와 희망도 높아질 수 있다.

예1

어머니: 남편은 애들 문제는 제게만 다 맡겨 놓고 신경도 안 쓰는 거 같아요. 저만 혼자서 안달복달하고, 애들과 맨날 싸우는데도 그냥 아무 말도 안 해요.

교사: 아이들 일에 관해서 아버님이 무관심하다고 생각하시고, 서운하신가 봅니다.

어머니: 그렇지요. 제가 애들 야단 좀 쳐 주라고 해도 그냥 좀 놔둬 보자 그래요.

교사: 아버님이 다른 일에 관해서는 어떠신가요?

어머니: 원래 별로 말이 없는 사람이긴 해요. 아이들 때문에 속 썩기 전에는 그런 남편이 과묵하고 믿음직하다고 생각했지요.

교사: 예전에는 말없는 남편에 대해 무관심하다고 느끼진 않으셨고 오히려 과묵하고 믿음직하다고 여기셨군요. 남편은 가족에 대한 사랑과 관심을 어떤 식으로 주로 표현하시나요?

어머니: 제가 애들과 싸우고 나면 저랑 둘이 산책하러 가자 그러기도 하고, 애들 방을 한 번씩 들여다보기도 하는데 별 얘긴 안 해요. 그게 아마 남편이 관심을 표현하는 방법인 것 같네요. 그래도 저는 불만이지요. 애들에게 아무 말도 안 하니까요. 야단도 좀 쳐 주고 그러면 좋은데…….

교사: 아버님이 어머니나 애들에게 무관심한 게 아니라 관심을 표현하는 방식이 어머님의 기대와 다른 거라고 볼 수 있겠네요. 직접 야단치거나 개입하는 방식이 아니라 뒤에서 든든하게 받쳐 주시는 느낌이 듭니다. 어머님 말씀처럼 과묵하고 믿음직한 남편이자 아버지로 계시는 듯 보입니다.

예2

아버지: 저는 솔직히 애를 기르면서 한 번도 제가 좋은 부모라고 느껴 본 적이 없어요.

교사: 제가 보기엔 병수가 여러모로 훌륭한 점이 참 많은데요. 병수가 그렇게 훌륭하게 컸는데, 아버님이 좋은 부모라고 느껴 본 적이 없으시다니 놀랍습니다.

아버지: 병수가 별 문제가 없긴 하지만, 그래도 저희가 너무 못해 주는 게 많아요.

교사: 병수가 훌륭하게 성장하고 있는 것을 아버님의 공이라고 생각하시지 않고, 항상 더 좋은 부모가 되려 애쓰시고, 부모로서 자기 모습을 되돌아보는 신중하고 정성 깊은 자세를 가지신 것 같습니다.

2) 문제의 외재화

외재화기법은 이야기치료에서 제안한 방법(White & Epston, 1990)으로서, 문제에 빠져서 좌절감과 무기력감에 사로잡혀 있는 가족의 시각을 재정의하는 효과적 방법으로 알려져 있다. 가족에게 문제가 오래 되면 가족의 시각이 온통 문제에 함몰되기 쉬운데, 외재화기법은 문제를 문제 소유자나 가족으로부터 분리된 외적인 실체로 규정하고 이름도 부여한다. 그런 다음, 문제와 가족과의 관계를 점검하는 일련의 질문들을 통해서 가족이 문제를 좀 더 잘 통제하고 극복했던 적이 있었음을 인식하게 하고, 문제해결을 위해서 노력할 수 있는 힘을 북돋운다. 즉, 문제 소유자나 가족관계가 문제가 아니라 '문제'가 문제이고, 문제 소유자나 가족은 문제 때문에 고통받아 왔으며 문제를 통제하려고 애쓰는 사람으로 규정하는 것이다. 문제를 외재화하고 이름을 부여하여 그 '문제'와 문제 소유자 및 가족의 관계에 대해서 점검하는 과정이 상황에 적합하게 맞아야 효과적이다.

예

　　보통 아이들이면 아무렇지도 않을 일에도 쉽게 화를 버럭 내고 자주 싸우는 초등학교 3학년 수민이와 부모의 상담과정에서 이루어진 외재화의 예를 살펴보자.

교사: 자꾸 화가 나고 싸움이 일어나서 수민이도 힘들지?

수민: 내가 일부러 싸우려고 그러는 건 아녜요. 그냥 자꾸 화가 나는 걸요.

교사: 그렇구나. 화가 안 나면 싸움도 안할 수 있는데, 그치? 수민이 속에서 수민이를 자꾸 화나게 하고 싸움하게 만드는 게 수민이를 힘들게 하는구나. 수민이를 화내라고 부추기고 싸움하게 만드는 이걸 뭐라고 부를까?

수민: 아, 내 마음속에서 자꾸 나보고 화내라 화내라 하는 그거요?

교사: 그래, 그것의 이름을 지어 보자. 부모님도 같이 이름을 지어 주세요.

수민: 방구처럼 참아도 자꾸 나오려 하니까 화방구 어때요?

교사: 재밌는 이름이네. 좋아, 그러면 우리 이제부터 화방구라고 부르자. 그 화방구 때문에 수민이가 자꾸 화를 내게 되고 싸움도 하게 되니 수민이가 힘들어지지. 근데 혹시 그동안 화방구가 수민이에게 화내라고 부추기고 싸우라고 부추기는데도 수민이가 '아니야, 화 안 내고 좀 참아 볼래. 싸움 안하고 지나가지 뭐.' 이런 식으로 생각하면서 화방구 마음대로 못하게 했던 적이 있었나 생각해 보자.

수민: 사실은 어제도 짝이 내 연필을 건드려서 바닥에 떨어졌을 때 화방구가 "가만두지 마." 그랬는데, 그냥 인상만 좀 쓰고 안 때렸어요.

교사: 그랬구나. 선생님은 몰랐는데, 수민이가 화방구 마음대로 못하게 잘 막았네.

수민: 나도 참을 때 많아요.

교사: 그렇구나. 화방구 마음대로 못하게 수민이가 막은 적이 많구나. 화방구가 화내라고 부추길 때 수민이는 화방구를 막으려고 어떤 방법을 쓰니?

제14장

•

변화를 위한 개입방법 Ⅳ : 상호작용 행동의 변화

가족의 상호작용 행동이 문제해결에 도움이 되지 못하는 경우에도 일정한 관계패턴에 묶여 있는 경우, 새로운 상호작용 패턴이 형성될 수 있도록 교사가 돕는 것이 중요하다.

이 장에서는 가족이 상호작용 고리를 재구성할 수 있도록 기존 행동을 수정하거나 새로운 행동을 더하는 방법, 문제와 어려움 속에서도 가족의 긍정적인 면을 되살릴 수 있도록 하는 기법 및 기적질문을 활용하여 새로운 행동을 구체화하는 기법을 소개한다.

가족구성원들은 반복된 상호작용을 통하여 일정한 관계패턴을 가지게 되고, 어려움이 있을 때 대체로 기존 패턴대로 상호작용을 반복하여 어려움을 해결하려고 시도한다는 점을 앞의 제3장에서 설명하였다. 이러한 시도로 인해 어려움을 해결하고 가족관계의 일관성을 유지하기도 한다. 하지만 때로는 오히려 어려움을 가중시키는 결과가 발생하기도 하는데, 그럼에도 불구하고 동일한 상호작용을 반복하면서 다른 유형의 상호작용 행동을 시도하지 못함으로써 문제가 지속되는 경우들이 많다. 이럴 때 문제를 해결하려면 다른 유형의 상호작용 행동을 시도하는 융통성을 발휘하여야 2차 수준의 변화를 초래할 수 있다.

상호작용 고리의 재구성

가족이 일관된 상호작용 패턴, 즉 가족규칙을 가지고 있다는 것 자체는 문제가 아니다. 가족규칙은 가족의 삶에 안정과 일관성을 제공하는 기능이 있기 때문이다. 그러나 동일한 상호작용 패턴을 반복하는 것이 문제해결에 전혀 도움이 되지 않거나 심지어 문제를 악화시키고 있다고 보이는 경우에는, 새로운 상호작용을 시도함으로써 상호작용 고리가 다른 방향으로 구성될 수 있게 만드는 융통성이 필요하다. 여기서 가장 핵심적인 부분은, 문제행동을 중심으로 이루어지는 가족 내의 전형적인 상호작용 고리를 밝혀내고 그 고리 속 행동의 일부분을 수정하거나 다른 행동을 더하는 것이다. 그렇게 수정되거나 새로이 더해진 한 구성원의 행동이 다른 구성원의 행동에 변화를 초래하면서 새로운 상호작용 고리가 형성되는 것이다.

de Shazer가 잔소리와 간섭이 많던 어머니의 행동패턴에 작은 수정을 가함으로써 상호작용 고리가 변화하도록 한 것(Durant, 1995)이 좋은 예이다. 즉, 어머니로 하여금 아들에게 말로 간섭하는 대신에 잔소리할 내용을 종이에 적어서 말없이 아들에게 건네주게 하였던 것이다. 만약 어머니에게 "그냥 말없이 아들을 믿고 좀 기다리세요."라고 하였다면 그동안 간섭이 심하였던 어머니가 뒤에 물러서서 기다리기 어려웠을 것이다. 어머니는 아들이 제대로 행동을 못하니까, 믿고 기다리게 해 주지 못하니까 잔소리를 할 수밖에 없었다고 생각할 것이며, 잔소리와 간섭으로 어머니의 역할을 하려 했던 경향을 마냥 누르고 있기는 너무 어려운 일이기 때문이기도 하다. 그래서 어머니에게 "간섭을 하지 마라."라고 하지 않고, 어머니가 자기 뜻을 아들에게 여전히 전달할 수 있으면서도 행동방법만 다르게 함으로써 상호작용 고리가 쉽게 변화하도록 도운 것이다.

"만약 시도한 해결책이 효과가 없다면, 뭔가 다른 행동을 하라."라는 해결중심접근의 제안도 상호작용 고리를 재구성하는 좋은 방법이다. 부모가 자녀의 어떤 특성을 기르기 위해 노력을 기울일수록 자녀는 더 회피하고 나빠지는 경우들이 있다. 내표적인 예가 자녀의 공부 태도와 습관이다. 자녀가 공부를 열심히 하기 바라며 부모는 많은 노력과 비용을 지불하지만, 자녀는 공부를 더 싫어하게

되고 도망가려 한다. 이럴 때 교사는 부모가 자녀의 장래를 위하여
많은 관심과 노력을 기울인 점에 대해 인정하고 부모의 좌절감을
공감적으로 이해할 필요가 있지만, 한편으로는 그동안의 노력이
왜 실패할 수밖에 없었는지에 대해 부모가 깨닫도록 돕고, 그동안
써 왔던 방법이 아닌 '뭔가 다른 행동'이 무엇이겠는지를 찾아서 새
로이 시도할 수 있도록 도와야 한다.

　상호작용 고리를 재구성하는 방법에는, 학생이나 부모로 하여금
예전과 다른 방식으로 행동을 하도록 직접 지시하거나 제안하는
과정이 포함된다. 그러므로 이 방법은 교사가 학생 및 부모와 좋은
상담관계가 형성되어 있어야 가능한 방법이다. 학생이나 부모 중
적어도 한 사람이 "내가 어떻게 해야 문제가 해결될까?" "내가 어떻
게든 노력해 보겠다."라는 동기가 있어야 교사의 지시나 제안을 실
천에 옮길 것이기 때문이다.

　상호작용 고리 속의 일부 행동을 수정하거나 다른 행동을 더하
여서 상호작용 패턴이 변화하도록 시도할 때, 가족체제의 항상성을
염두에 두어야 한다. 즉, 가족체제는 일관성을 유지하려는 속성이
있으므로, 변화에 대한 저항이 있을 가능성이 있다는 점이다. 따라
서 한 구성원이 새롭거나 다른 행동을 하면 상대방이 어떻게 반응
할 것 같은지 미리 예상해 보고, 상대방의 반응에 대해 자신의 변화
된 행동을 어떻게 유지할 수 있겠는지 교사가 함께 의논하고 대비
할 필요가 있다. 또한 영구적인 행동 변화로 제안되기보다는 일정
기간 실험적으로 시도하는 것으로 제안되면 실행 가능성을 높일 수
있다. "일정 기간 동안 실험적으로 다르게 행동해 보고, 그 실험 결

과 우리가 무엇을 알아낼 수 있을지, 무엇을 얻을 수 있을지 검토해 봅시다."라고 제안하면 가족의 부담과 저항이 줄어들 수 있다.

교사가 부모의 행동을 일부 수정하거나 새로운 행동을 해 보도록 제안할 때는, 그 내용에 따라서 학생이 함께 있는 자리에서 할지 또는 부모만 있는 자리에서 할지를 결정해야 한다. 어떤 가족구성원들이 함께 있을 때 교사가 제안하는지도 상호작용 패턴과 가족관계에 영향을 미치기 때문이다.

대략적으로 말해서, 부모의 새로운 행동이 학생 입장에서 좋아할 만한 변화라면 학생이 없는 자리에서 제안하는 것이 좋다(김혜숙, 최동욱, 2013). 부모가 스스로 행동 변화를 시도한 것으로 학생이 지각할 것이므로, 부모에 대해서 긍정적 감정과 기대가 생길 수 있고 부모-자녀관계도 좋아질 수 있다. 혹시 부모가 교사의 제안을 실천하지 않는다고 해도 예전과 같은 행동패턴이므로 학생이 부모에 대해 더 나쁘게 지각하지는 않을 것이다. 만약 학생이 좋아할 만한 방향으로 부모 행동의 변화를 제안하는 자리에 학생이 함께 있었는데 부모가 그 행동 변화를 실행하지 않는다면 학생은 더 서운하고 화가 날 것이고, 부모가 실행을 한다고 해도 교사가 제안해서 실행하는 것이라고 지각되어 부모의 진정성을 의심할 수 있다.

반면에 학생 입장에서 싫어할 만한 변화라면 학생이 함께 있는 자리에서 제안하는 것이 좋다. 좀 더 엄격한 방향으로 지도해야 한다거나 더 많은 관여나 통제를 하는 방향으로 부모 행동이 변화하게 되면 학생이 싫어할 가능성이 높다. 이런 경우 학생이 있는 자리에서 교사가 부모에게 그 필요성을 설명하고 제안하게 되면 교사가 부모에게 힘을 실어 주게 되어 실행 가능성을 높이는 효과도 있고, 학생의 불평을 줄이는 효과도 있다. 또한 부모도 자녀 앞에서 교사에게 행동 변화의 필요성을 함께 들었기 때문에 실행의 책임감을 더 강하게 느끼게 된다. 만약 부모가 그 제안을 실행하지 못하더라도, 학생 입장에서는 기존의 행동패턴과 다르지 않기 때문에 부모-자녀관계가 더 악화되지는 않을 것이다.

예

> 초등학교 3학년인 선미는 학급에서 다른 학생이 칭찬받는 것에 대해 샘을 많이 낸다. 특히 친한 친구인 세영이가 칭찬을 받으면 더욱 질투가 심하다. 담임 교사가 선미 어머니와 상담을 하면서 이 점을 거론하였다.
>
> **어머니**: 집에서도 그래요. 제가 집에서 레슨을 하는데, 레슨 받는 아이를 칭찬하면 샘을 엄청 내서 레슨하기가 곤란할 때도 많아요. 재미로 하는 게임도 자기가 지면 엄청 화를 내서 분위기를 망쳐 놔요.
> **교사**: 엄마가 칭찬해 주실 때 제일 기분이 좋다고 선미가 이야기하던데, 다른 애를 칭찬하는 것에 대해 선미가 샘을 낼 때 어머니는 어떻게 하시나요?
> **어머니**: 다른 애 칭찬하는 걸 왜 그렇게 샘을 내냐고 혼을 내기도 하고, 선미가 잘한 걸 칭찬해 주기도 하고 그래요. 선미가 워낙 칭찬받는 걸 좋아하니까 평소에 칭찬을 많이 하려고 하지요.
> **교사**: 칭찬받고 싶은 마음을 채워 주려고 어머니가 노력을 많이 하시는군요.
> **어머니**: 그래도 선미는 성에 안 차나 봐요.
> **교사**: 혹시 선미가 뭘 잘못했을 때나 선미 스스로도 만족하지 못하게 됐을 때는 어떻게 하시나요?
> **어머니**: 글쎄요…… 그냥 잘못된 거 지적해 주고…… 다른 말은 없었던 거 같네요. 그냥 넘어간 적도 있고…… 잘못한 걸 칭찬해 줄 수는 없으니까…….

교사: 선미가 잘했을 때는 칭찬을 하시는데, 좋은 성과를 내지 못했을 때는 잘못된 점을 지적하거나 그냥 넘어가거나 하신 거군요.

어머니: 자기가 잘못된 걸 깨달으면 다음에 더 잘하게 될 테니까 그러면 칭찬받을 수 있게 되잖아요.

교사: 선미가 잘하지 못했을 때 어머니가 보이시는 반응을 조금 바꿔 보면 선미의 샘내는 행동이 변화할 수도 있겠다는 생각이 듭니다. 한두 주 정도 실험적으로 시도해 보시겠습니까?

어머니: 네, 그동안 칭찬을 많이 하려고 애썼는데, 그것만으로는 안 되나 봐요.

교사: 선미가 잘하지 못해서 속상해할 때 격려나 응원의 말씀을 해 주시며 껴안아 주시는 게 어떻겠습니까?

어머니: 생각해 보니 제가 그런 말은 잘 못해 준 거 같아요. 껴안아 주는 것도 칭찬할 때는 많이 했지만, 잘못했을 때는 안 한 거 같아요. 앞으로 정말 선생님 말씀대로 해 봐야겠어요. 선미에게 미안한 마음이 드네요.

교사: 선미가 잘못했을 때 어머니가 껴안아 주시며 격려와 응원의 말씀을 하시면 선미가 어떻게 반응할 거라고 보세요?

어머니: 글쎄요, 좋아하겠지요. 근데 더 투덜거릴 수도 있을 거 같기도 해요.

교사: 만약 더 투덜거린다면 어머니가 어떻게 하시면 좋을까요?

어머니: 투덜거린다고 제가 혼내면 다시 잘못을 지적하는 게 되니까 안 되겠지요? 그냥 좀 더 껴안아 줘 보고, 그래도 자꾸 그러면…… 잘 모르겠네요.

교사: "네가 속상한 게 뭔지 엄마에게 더 이야기해 주면 좋겠어."라는 식으로 선미와 대화를 더 해 보시면 어떨까요? 선미가 똑똑해서 자기 마음을 충분히 이야기할 수 있을 거라 봅니다. 지난번에 선미와 어머니, 저 셋이서 상담을 할 때 선미가 자기 생각이나 감정을 잘 표현하는 거 보셨지요?

어머니: 네, 좋은 거 같아요. 그렇게 해 볼게요.

교사: 한두 주 정도 실험적으로 시도해 보시고, 다시 저와 만나셔서 이 실험을 통해서 무엇을 얻었는지 같이 이야기를 나누시면 좋겠습니다.

계속되기 바라는 것 발견하기

가족구성원들이 어떤 사람이든 또 문제가 무엇이든 가족의 모든 점이 변화되어야만 문제가 해결되는 경우는 드물다. 가족이 상담에 올 때는 문제로 인해서 많은 좌절과 어려움을 겪어 왔기 때문에 가족의 모든 것이 변화해야 할 것 같은 느낌을 가질 수는 있지만, 실제로 그런 경우는 드물며 긍정적인 측면이 조금이라도 있기 마련이다. 가족의 긍정적인 측면을 찾아서 서로 인식하고 인정하며 되살리는 것은 가족관계의 회복과 문제해결을 위해 매우 효과적인 방법이다. 해결중심접근에서 제안했던 '계속되기를 바라는 행동 발견하기'는 그 대표적 예이다.

물론 학교에서 학생 및 부모에 대한 상담이 시작되는 이유는 학생의 어려움이나 문제 때문인 경우가 대부분이다. 따라서 교사가 학생의 어려움과 문제에 대해서, 또 부모의 걱정과 불만 및 좌절에 대해서 정확히 파악하여 그러한 점들이 감소하거나 제거될 수 있도록 돕는 것도 매우 중요하다. 그러나 어떤 학생이나 어떤 부모, 어떤 가족관계이든 긍정적인 측면이 반드시 있고, 유지되는 것이 바람직한 측면도 있는 것이 사실이다. 그러므로 학생과 부모의 개인적 특성과 행동 및 가족관계에서 '잘 되고 있는 것' '마음에 드는 것' '바람직해 보이는 것' '계속되기 바라는 것'을 찾는 것은, 그것이 더 유지되고 증가되게 하여 상호작용 행동패턴이 변화하게 하는 초석이 될 수 있다. 그뿐만 아니라 가족이 그동안 문제에 빠져서 보지 못했거나 서로 인정하지 않고 지냈던 점들을 다시 인식할 수 있게 됨으로써 자신과 상대방에 대한 긍정적 감정을 키우고 문제와 상황에 대해서 보다 객관적이고 희망적인 관점을 가지도록 도울 수 있다.

'잘 되고 있는 것' '계속되기 바라는 것'은 대단하거나 뛰어난 점을 뜻하는 것이 아니다. 드물게 일어났던 행동, 미약하지만 긍정적인 특성, 비교적 괜찮다고 볼 수 있는 점 등이 사소하고 작아 보이더라도 찾아보고, 그것이 어떻게 가능했는지를 살펴보아서 좀 더 일어나도록 시도하는 것이다. 이러한 것들을 상담시간 중에 찾아보도록 할 수도 있고, 상담회기 사이에 집에서 찾아보도록 먼저 과제로 부여한 후에 상담시간에 함께 나누는 시간을 가질 수도 있다.

예

고등학교 1학년인 재성이는 아버지와 도저히 말이 통하지 않아서 힘들다고 한다. 어머니는 남편과 아들 사이에서 자신도 매우 힘들며, 남편이 워낙 완고해서 자신도 말이 안 통하기는 마찬가지라 아들의 마음을 이해한다며 불평하였다. 아버지는 자신이 완고하다는 건 인정하지만, 아들이 아직 배워야 될 것도 많고 고쳐야 할 점들이 많아서 자꾸 이야기하게 된다며, 자식을 위하는 자기 마음을 아내도 아들도 잘 모르는 것 같다고 서운함을 표현하였다.

교사: 제가 좀 색다른 질문을 하겠습니다. 세 분이 각각 다른 식구에게서 계속 유지되었으면 좋겠다고 생각하는 것을 하나씩만 말씀해 보시기 바랍니다. 그러니까 재성이는 어머니의 말이나 행동, 특징 등에서 계속 유지되기 바라는 점을 하나 말하고, 또 아버지에게서도 마찬가지로 하나 말하는 거고, 어머님은 재성이와 아버지, 아버님은 어머니와 재성이, 이렇게요. 어느 분이든 먼저 생각나는 대로 시작하시면 됩니다.

어머니: 제가 얘기해 볼게요. 우리 재성이는 굉장히 착해요. 아빠와 말이 안 통해서 힘들다고 하면서도 저나 아빠가 컴퓨터에 대해서 잘 몰라서 물어보면 싫다 그러지 않고 잘 가르쳐 주고, 워낙 심성이 착해요.

교사: 재성이의 착한 점이 계속 유지되었으면 하시는군요. 아버님에게서는 어떤 점이 유지되었으면 하시나요?

어머니: 가족에 대한 책임감이요. 완고해서 탈이지 사실 남편으로서나 아빠로서 책임감이 강하고 또 가족을 위해서 성실하게 일하는 건 고맙고 든든하지요.

교사: 가장으로서의 책임감과 성실한 점이 유지되기를 바라신다는 말씀이군요. 재성이와 아버님께서 어머니의 말씀을 들으시니까 어떠신가요?

아버지: 제가 가족을 위하는 마음을 알아주니 기분 좋네요.

재성: 엄마가 평소에도 가끔 저보고 착하다 그러시긴 했는데…… 저도 기분이 좋아요.

아버지: 재성이가 착한 건 저도 동의해요. 아들이 고1인데 아직도 제가 야단치면 대들지 않고 듣고 있다고 그러면 다른 사람들이 요새 아이 같지 않다고 그럽니다.

교사: 그럼 아버님도 재성이에게서 유지되었으면 하는 점이 착한 것인가요?

아버지: 저는 솔직히 재성이의 착한 점도 좋지만, 얼마 전까지 재성이가 제게 먼저 말도 걸고 그랬던 게 유지되었으면 좋겠습니다. 중학교 다닐 때만 해도 저랑 말을 잘했는데…….

교사: 재성이가 아버님에게 먼저 다가와 말을 걸고 이야기를 나누었던 게 그립고 되살리고 싶으신가 봅니다.

아버지: 그럼요, 생각해 보니까 재성이가 착하고 저에게도 잘 다가오고 그랬는데, 제가 너무 완고하니까 그런 게 줄었나 싶고 자책감도 드네요.

교사: 재성아, 아빠 말씀을 들으며 어떤 마음이 들었는지 여기서 아빠에게 이야기할 수 있을까?

재성: 솔직히 아빠랑 말을 하면 아빠는 꼭 아빠 생각하시는 대로 제가 따라와야
된다고만 자꾸 얘기하시고, 제가 제 생각을 얘기하려고 하면 네 생각은 이런저
런 점이 잘못됐다고 하시면서 제 얘기는 잘 안 들으세요. 그래서 아빠랑은 말하
기가 어려워요.

교사: 아빠를 보면서 아빠에게 직접 말해 보면 좋겠다.

재성: 아빠, 제가 아빠랑 말하기 싫어서 안 하는 건 아녜요. 아빠가 제 말을 잘 안
들으시니까 말하는 게 어려워서 그런 거지……. 아빠가 절 위해서 그러시는 건
알지만, 그래도 제 말도 들어 주시면 좋겠어요.

교사: 아버님도 재성이와 가깝게 대화를 하던 것을 유지하고 싶어 하시고, 재성이
도 아버님이 자기 말을 들어 주시면 대화하기가 쉬워지겠다는 생각이 드는 걸
로 보입니다. 그럼 예전처럼 재성이가 아버님에게 다가가서 말을 걸 수 있으려
면 무엇이 필요할까요? 예전에 재성이가 아버님에게 먼저 다가갈 수 있게 했던
건 무엇일까요?

아버지: 재성이가 어릴 때는 제가 그냥 같이 놀기도 하고 그랬는데, 요즘은 재성
이가 공부 때문에 시간이 부족하니까 그냥 이렇게 저렇게 해야 된다는 얘기만
자꾸 더 했던 거 같네요. 그냥 같이 노는 시간을 짧게라도 좀 더 가지면 나아지
려나 모르겠네요.

교사: 재성이는 어떻게 생각하는지 듣고 싶은데?

재성: 글쎄요, 아빠랑 가끔 게임도 같이 하고 그럴 수 있으면 좀 더 편해질 수 있을
거 같긴 한데…… 잘 모르겠어요.

교사: 같이 노는 시간을 가지는 것이 재성이와 아버님이 다시 가까워지고 대화도
수월해지는 데 도움이 되는지 앞으로 몇 주간 실험을 해 보시면 어떨까요?

계속되기를 바라는 행동을 찾고 나서 더 해 보는 실험을 일정 기
간 거친 후에, 그에 따른 변화를 상담시간에 확인하는 과정을 거칠
필요가 있다. 아주 작은 긍정적 변화라도 우연적인 것으로 넘기지

말고 그 변화를 가능하게 했던 것이 무엇인지 구체적으로 자세하
게 탐색하는 것이 중요하다. 작은 성공이라도 의미를 부여하고 인
식할 때 변화에 대한 희망이 생기게 되며, 변화를 가능하게 했던 것
을 더 추구함으로써 더 큰 긍정적 변화를 이루어 낼 수 있게 된다.

새로운 행동의 구체화

　계속되기를 바라는 것이 무엇인지 잘 찾아내지 못하거나, 유지
하고 싶은 행동을 좀 더 해 보는 제안이 적합하지 않아 보이는 경우
도 있을 것이다. 그런 경우에는 새로운 행동을 상담시간에 배우고
연습하도록 코칭하는 것이 도움이 된다. 앞 장에서 제시한 의사소
통 훈련이 한 예가 될 것이다. 상담자가 모델이 되어 바람직한 의사
소통 행동을 구체적으로 보여 주고 가족이 연습하게 하여 코칭하거
나, 가족에게 어떤 주제를 주고 대화를 해 보도록 한 다음 상담자가
중간중간에 피드백을 주며 수정하는 과정으로 진행할 수도 있다.
　해결중심접근에서 제시한 기적질문을 활용하여 바람직한 상호
작용 행동을 구체화하여 실행해 봄으로써 새로운 상호작용 행동이
나타나도록 하는 것도 좋은 방안이다. 기적질문이란 기적이 일어
나서 문제가 다 해결된다면 어떤 모습일지를 상상해 보도록 질문
하는 것인데, 그 질문에 대한 내담자의 대답이 가능한 한 구체적이
고 상세하게 묘사되도록 후속질문을 하는 것이 필수적이다. 내담
자가 기적의 상태를 구체적으로 머릿속에 그릴 수 있도록 도와야,

원하는 상태를 이룰 수 있는 효과적인 행동이 무엇인지 구체적·
실제적으로 인식할 수 있고 실행 가능성이 높아진다.

특히 다음의 예처럼 학교에서 보호자상담 중에 학생의 문제해결
을 원하는 보호자에게 기적질문을 사용하는 경우, 그 후속질문에
는 기적이 일어나서 학생의 문제가 해결된 상태를 보호자가 구체
적으로 그려 보도록 하는 것뿐 아니라 그렇게 학생이 변화된 모습
을 보일 때 보호자가 어떻게 다르게 반응할 것인지를 구체적으로
살펴보도록 하는 부분도 포함하는 것이 중요하다. 상담에 참여하
고 있는 보호자가 학생 자신보다 변화에 대한 동기가 더 높을 가능
성이 있고, 동기가 높은 가족구성원으로부터 상호작용 행동의 변
화가 시작되도록 하는 것이 효과적이기 때문이다. 학생의 문제가
해결되지 않은 상태이더라도 먼저 보호자가 다른 행동을 보이는
것부터 시작할 수 있게 함으로써 그로 인하여 학생도 다른 반응을
하게 되어 새로운 상호작용 패턴이 생기도록 돕는 것이다.

예

> **교사:** 어느 날 밤, 어머님이 잠든 사이에 기적이 일어나서 어머님이 걱정하시는 정
> 수의 모든 문제가 해결되었다고 가정해 봅시다. 잠에서 깨어났을 때, 기적이 일
> 어났음을 어떻게 알 수 있을까요? 무엇이 어떻게 달라져 있을까요? 기적이 일
> 어났다는 것을 다른 사람들은 뭘 보고 알게 될까요?
>
> **어머니:** 글쎄요, 우리 정수가 자기 할 일을 제가 말 안 해도 알아서 잘하고 있을 거
> 같아요.
>
> **교사:** 네, 그렇다면 정수가 그때 하고 있는 일들이 무엇일까요? 아침에 일어날 때
> 부터 살펴볼까요?

어머니: 제가 몇 번씩 깨우지 않아도 혼자서 늦지 않게 일어나겠지요. 제가 재촉하지 않아도 학교 갈 준비도 정수가 혼자 알아서 하고, 차려 준 밥도 잘 먹고 늦지 않게 집을 나서겠지요.

교사: 정수가 그렇게 하고 있을 때 부모님은 어떻게 반응하게 될까요? 정수가 그렇게 달라졌다는 것이 부모님께 어떤 영향을 미칠까요?

어머니: 저도 아침부터 정수에게 잔소리도 덜하고 짜증도 안 내겠지요. 아침마다 정수랑 전쟁하던 것을 안 하게 되니까, 저도 학교 잘 다녀오라고 기분 좋게 얘기해 줄 수 있을 거 같아요.

교사: 정수가 자기 할 일을 잘하고 있어서 부모님이 기쁘다는 것을 정수가 알아차릴 수 있게 하는 단서에는 또 무엇이 있을까요?

어머니: 아마 정수아빠도 정수가 아침 먹을 때 식탁에 같이 앉아서 먹을 거 같아요. 그동안 아침마다 저랑 정수랑 전쟁하는 거 보기 싫다고 남편은 아침운동을 갔었는데, 집안이 편안하면 남편도 운동에서 빨리 돌아와서 같이 밥도 먹고 그러겠지요.

교사: 기적이 일어나서 정수가 자기 할 일을 잘 하고 있을 때 부모님이 하실 행동 중에서, 지금 바로 시작하실 수 있는 것은 무엇이 있을까요?

어머니: 정수에게 아침에 짜증 내고 잔소리하는 걸 줄여 볼 수 있을 거 같아요. 정수도 저 때문에 아침마다 스트레스 받는데, 제가 잔소리도 좀 줄이고 짜증도 덜 내면 기분이 나아지겠지요. 또 억지로라도 학교 잘 다녀오라는 말도 기분 좋게 해 줄 수 있을 거 같아요.

제15장

변화를 위한 개입방법 V : 가족구조의 변화

가족 간 상호작용 행동이 변화하도록 돕는 것은 역기능적인 가족구조가 변화하도록 돕는 것이기도 하다. 구조적 측면에서 볼 때 학생의 성장과 더불어 가족의 경계도 함께 조정되어야 하며, 가족 내 연합의 재조정과 위계의 회복도 필요하다.

이 장에서는 지나치게 희미하거나 경직된 가족 내 경계를 조정하여 분명한 경계로 변화되게 돕는 기법 및 부부간 연대를 강화하여 학생의 문제해결을 돕는 방법을 제시한다.

가족구성원 간 경계가 지나치게 희미하거나 혹은 지나치게 경직된 경우, 부부간 경계가 세대 간 경계보다 뚜렷하거나 자녀가 부모보다 높은 위계에 있는 경우 등은 역기능적이므로 구조적 변화가 필요하다. 구조적 관점에서 볼 때 앞 장들에서 설명한 다양한 변화 개입 기법 모두가 구조적 변화를 초래하기 위해 사용될 수 있다. 이 장에서는 가족구조의 변화를 위한 추가적 기법들을 소개한다.

경계 분명하게 하기

경계가 지나치게 희미하여 개인의 고유성이 존중되지 못하는 가족에서나, 자녀의 성장에 맞추어 자녀가 독립성을 키워 갈 수 있도록 적절히 경계를 조정하지 못하고 여전히 간섭이 지나친 가족에서는 경계를 분명히 할 수 있도록 도울 필요가 있다. 이를 위한 가장 간단한 방법은, 각 구성원이 자기의 생각·감정·바람 등을 직접 말하도록 하는 것이다. 직접 말하는 데 서툴거나 두려워하는 구성원은 가족 내에서 힘이 약한 구성원일 수 있는데, 그럴 때는 상담자가 지지와 격려를 통해 힘을 보태 주어 직접 말할 수 있게 하고 그 말을 마칠 수 있을 때까지 다른 가족구성원들이 기다리도록 한다. 다른 구성원이 대신 말하지 않도록 하고, 말하는 중에 다른 구성원이 말을 자르지 못하도록 한다. 두 사람 간에 대화가 이루어지고 있을 때라면, 그 대화가 끝날 때까지 다른 구성원이 끼어들지 못하도록 한다.

물론 그 과정에서 상담자는 가족구성원이 자신의 행동을 인식할 수 있도록 분명하게 지적하면서도, 여전히 존중받는 느낌을 유지할 수 있도록 주의하여야 한다. 말을 끊고 들어오는 구성원의 행동에 대해 지적하면서 막을 때 자칫 잘못하여 불쾌감과 방어적인 태도를 유발하게 되면 상담 진행이 어려워질 수 있다.

상담에 일부 가족구성원만 참여하도록 해서 경계를 분명하게 하는 방법도 있다. 어느 구성원 개인의 경계를 분명하게 할 필요가 있을 경우 그 개인만을 대상으로 상담을 진행하거나, 특정 하위체제와 다른 하위체제의 경계를 분명히 할 필요가 있을 때 특정 하위체제만을 대상으로 상담을 진행하는 것이다. 또래들에 비해 의존성이 강하거나 부모의 과보호가 심한 경우에는 자녀만 따로 상담하는 시간을 가짐으로써 자녀 개인의 경계를 분명하게 만드는 효과를 가져올 수 있다. 물론 미성년자인 학생을 상담한 내용 중에 보호자가 알아야 할 내용은 보호자에게 알려야 하지만, 그럴 때도 미리 학생에게 그 점을 알려 준 후에 보호자에게 전달한다. 부모의 과보호 경향이 심한 경우에는 학생의 개인적 상담내용에 대해 나중에 부모가 학생에게 상세하게 물어볼 가능성도 있으므로, 보호자에게 꼭 알려야 할 내용이 아니라고 판단되는 상담내용에 대해서는 나중에 부모가 질문하면 학생이 어떻게 반응할 것인지 상담시간에 미리 의논함으로써 학생에게 힘을 실어 주어 개인의 독립적 경계를 분명하게 할 수 있다.

세대 간 연합이 심해서 역기능적인 가족의 경우 부모-자녀 간 경계를 분명하게 만들 필요가 있는데, 그럴 때는 부부만을 대상으로 상담을 진행하면 효과적이다. 이탈리아의 밀라노에서 가족상담의 독특한 전략적 접근을 시도한 팀이 있는데, 어디에 가서 무엇을 하는지 다른 구성원들에게는 말하지 않고 부부 둘이서만 일정 시간 동안 밖에 다녀오고, 다녀온 후에도 어디서 무엇을 하고 왔는지 말하지 않도록 하는 처방을 반복적으로 주었다(Selvini-Palazzoli, Boscolo, Cecchin, & Prata, 1978). 그 처방이 경계를 뚜렷이 만드는 효과가 있어서 거의 모든 가족에게 처방하여 '표준처방' '불변처방'이라고 부르기도 하였다.

상담실에 앉는 자리를 조정함으로써 경계를 분명하게 할 수도 있다. 특히 자녀가 부모 곁에 바싹 붙거나, 기대어 앉거나, 부모 무릎에 앉는 경우, 부모 사이에 자녀가 앉는 경우, 부모가 특정 자녀를 끌어당겨서 옆에 앉도록 하는 경우 등이 부모-자녀 간 경계가 지나치게 희미함을 의미한다고 상담자가 판단한다면, 자리를 떼어 앉거나 바꿔 앉도록 요청함으로써 세대 간 경계가 좀 더 분명해지도록 하는 것이다. 물리적인 거리도 경계를 나타내는 하나의 지표이기 때문이다.

예1

초등학교 2학년인 하영이와 어머니가 함께한 상담에서, 어머니는 하영이가 하는 말을 끊거나 교사의 질문에 하영이가 답하기 전에 먼저 대신 말하는 경우도 여러 번 있었다. 그럴 때마다 교사는 그 점을 반복적으로 지적하고 하영이가 직접 말하도록 개입하였다.

교사: 하영이가 말을 할 때 끝까지 들으시겠다고 하영이에게 약속하셨는데, 지난 주에 집에서 하영이가 어떻게 느꼈는지 궁금하네요. 하영아, 어땠니?

어머니: 저는 나름 애썼는데, 하영이가 변화를 느꼈는지 모르겠네요.

교사: 제가 하영이에게 질문했는데, 이번에도 하영이가 답하기 전에 어머님이 먼 저 말씀하셨어요. 어머님이 하영이를 도와주려는 마음이 강하셔서 그러실 텐 데, 하영이가 스스로 생각해서 말할 수 있는 기회를 뺏으신 결과가 됐네요. 하 영이가 답할 수 있게 잠시 기다려 보지요.

어머니: 제가 또 그랬네요. 하영이 이야기를 들어 보자고 선생님이 여러 번 말씀하 셨는데, 잘 안 고쳐지네요.

교사: 어머님이 그 점을 인식하신다는 것이 중요하지요. 자, 하영이가 선생님 질문 에 직접 답해 줄래?

하영: (답을 하지 않고 엄마를 쳐다봄)

교사: 하영아, 지난주에 집에서 어땠는지 말하려는 거 같았는데, 말을 하지 않고 엄마를 쳐다보는구나. 방금 어떤 마음이었는지 얘기해 줄 수 있겠니?

하영: 엄마가 선생님 앞에서는 제 말을 잘 듣겠다고 하고서는, 집에서 잘 지킨 거 같진 않아요.

교사: 하영이가 그렇게 느꼈다는 걸 직접 이야기할 수 있어서 좋구나. 하영이가 자 기 생각을 분명하게 스스로 말한 거잖아.

하영: 그렇네요. 히히.

교사: 엄마가 하영이 말을 끝까지 안 듣거나 대신 말하면 하영이 마음이 어떠니?

하영: 잘 모르겠어요. 그래도 기분은 좋지 않아요.

교사: 어떤 생각이 드는지는 확실치 않지만 뭔가 기분은 좋지 않은 거구나. 어머 님, 지금은 하영이가 직접 말하도록 많이 기다려 주셨어요. 어떠셨어요?

어머니: 제가 좀 기나리면 하영이가 저렇게 표현을 잘할 수 있구나 싶어요.

예2

　　형제들 간의 다툼에 부모가 가능하면 관여하지 않는 것도 세대 간 경계를 분명하게 만드는 방법이다. 중요하게 지켜야 할 원칙들, 예컨대 "신체적으로 공격하는 것은 안 되고 말로 해결해야 한다." "상대방이 말할 때는 끝까지 듣고 나서 자기 말을 한다." 등과 같이 중요한 원칙만 부여하고, 형제들이 갈등을 스스로 해결할 수 있도록 기다려 주는 것이다. 그렇게 되면 세대 간 경계도 뚜렷해지고 자녀들의 독립성도 키워지며 갈등해결 능력이 커져서 형제간 다툼이 줄어드는 효과도 있다.

부모 간 유대의 강화

　　부부갈등이 표면화되거나 심하지 않더라도 부부간 유대 자체가 약하면 자녀를 지도하는 데 혼선이 생기기 쉽고, 자녀는 그러한 혼선을 이용하여 자기 원하는 대로 상황을 만들어 갈 가능성이 많아진다. 전형적인 패턴으로, ① 자녀가 잘못된 행동을 하거나 규칙을 어김으로써 부모가 싫어하는 상황이 되고, ② 부모 중 한쪽이 자녀를 훈육하기 위한 모종의 방법을 시도하려 하는데, ③ 다른 쪽 부모는 또 다른 방식으로 다루려고 하면, ④ 겉으로 드러나든 드러나지 않든 누구의 대처방법이 더 좋은지에 대해서 부모 간에 서로 의견이 불일치하고, ⑤ 결국 자녀는 부모 양쪽의 대처방법을 다 무시하고 계속 자기 하고 싶은 대로 행동하거나 혹은 싫은 대처방법을 쓰려는 부모에게 반항하게 되어 가족 내에 지속적인 불협화음이 발생하게 된다.

이런 경우 교사(상담자)는 어머니와 아버지가 자녀에게 적용하여야 하는 규칙 및 그 규칙을 어길 경우의 대처방법 등에 대해 부부간에 먼저 합의를 도출하고 합의된 내용을 자녀에게 효과적으로 공동 적용할 수 있도록 함으로써 부모 간 유대를 강화하고, 자녀의 부정적 행동이 부모 간 유대를 약화시키지 못하도록 막는다. 자녀의 말을 부모가 귀 기울여 들으면서도 최종적 결정과정에서는 부모가 좀 더 권위를 가지도록 하거나, 부모 간에 합의가 도출될 때까지 자녀는 기다리도록 할 수도 있다.

부모 간 유대가 강화되어 부모가 합의된 지도행동을 보이려 할 때, 지금까지 자기 마음대로 힘을 행사해 왔던 자녀가 강력히 반대하는 일도 종종 생긴다. 이런 가능성에 대해서 교사는 미리 부모와 논의를 해야 하며, 부모 간 유대를 지키면서 일관된 지도행동을 보임으로써 예전의 잘못된 상호작용 패턴으로 돌아가지 않도록 도와야 한다.

한편, 자녀가 부모 중 한쪽을 자기편으로 만들어서 원하는 바를 얻으려고 시도하기도 한다. 물론 모든 가족에서 자녀들이 가끔은 그런 시도를 하지만, 부모 간 유대가 약하여 허용적인 쪽의 부모와 자녀가 강한 유대를 형성하고 다른 쪽 부모는 거부되는 패턴이 형성되면 문제가 된다. 따라서 자녀가 왜곡된 세대 간 유대를 악용하지 못하도록 하는 방법을 강구할 필요가 있다. 예를 들어, 어머니와 자녀가 한편이 되어 아버지에게 맞서 왔다면, 자녀가 원하는 바에 대해 어머니가 답을 주기 전에 반드시 아버지와 먼저 이야기를 나누도록 한다.

가정에서 부모와 자녀들이 따로 있는 시간과 장소를 마련하고 강화하는 것도 도움이 된다. 자녀 없이 부모와만 상담을 하거나, 자녀와 함께 상담하는 경우에도 자녀는 자녀끼리, 부모는 부모끼리 앉도록 자리를 배치하거나, 자녀를 따로 상담하는 경우에 교사(상담자)가 자녀에게 어떤 상담 기법이나 과정을 활용하고자 할 때 부모의 허락을 미리 구하는 것도 부모의 권위와 부모 간 유대를 강화할 수 있는 방법이다.

또한 보호자상담이나 부모교육을 통해서 문제해결력 증진, 의사소통 훈련, 인지적 재구조화, 효과적 강화법 등 자녀지도에 필요한 부모 역량을 증진할 수 있도록 돕는 것도 좋은 방법이다. 자녀를 지도하는 역량이 부족한 부모일수록 부모 간 유대는 약하고 세대 간에 왜곡된 유대패턴을 가질 가능성이 높기 때문이다. 부부갈등이 심한 부모에게는 따로 전문가에게 부부상담을 받도록 권유할 필요도 있다.

예1

초등학교 4학년인 정식이는 예기치 못한 일이 생기거나 스스로 해결하기 어려운 문제가 있을 때 말로 도움을 청하지 않고 울거나 엎드려 있는 적이 많아서 주변 학생들이 담임 교사에게 알려 주곤 한다. 어깨를 들썩이거나 머리를 옆으로 돌리는 식의 틱행동을 보이는 경우도 자주 있다. 자기는 자랑거리가 하나도 없다고 하며, 교사가 칭찬을 해도 그 정도는 다른 애들도 다 하는 거라며 별거 아니라는 반응을 보인다. 담임 교사의 요청에 의해 어머니가 학교에 와서 보호자상담을 하게 되었는데, 틱행동에 대해서 가장 크게 걱정하였다.

교사: 정식이가 어깨를 들썩이거나 머리를 돌리는 행동을 할 때 부모님은 어떻게 반응하십니까?

어머니: 저는 애가 스트레스가 많아서 그런가 보다 하고 그냥 모른 척해요. 남편은 그러지 말라고 해도 "이 놈 버릇을 고쳐 놔야지. 하지 말라는 데도 왜 자꾸 그러냐."라며 애에게 소리를 지르고 화를 내요.

교사: 정식이의 행동에 대해 부모님 두 분의 반응이 많이 다르시군요.

어머니: 남편은 정식이가 너무 약해 빠져서 그렇다면서 화를 많이 내요. 제게도 애를 그냥 오냐오냐 하니까 그런 거라고 화내고. 정식이가 마음이 여려서 잘 우는 편인데, 우는 것도 꼴 보기 싫다고 왜 남자 녀석이 그렇게 잘 우냐고 화내고 그러지요.

교사: 아버님이 정식이에게 화를 내실 때 어머님은 어떻게 하시나요?

어머니: 저는 남편에게 왜 그렇게 애를 닦달하냐고 소리를 질러요. 당신이 애한테 자꾸 소리 지르고 화를 내니까 애가 더 그런 거 아니냐고.

교사: 정식이가 아빠에 대해 어떻게 느낀다고 보십니까?

어머니: 무서워하죠. 남편은 정식이에게 다정하게 얘기하는 적도 별로 없고, 정식이를 부를 때도 애 이름을 부르지도 않고 그냥 '어이 아들' 이렇게 불러요. 그러니 서로 정이 없죠.

교사: 어머님에 대해서는 정식이가 어떤가요?

어머니: 저도 혼낼 때는 있지만, 그래도 정식이가 제게는 의지를 하는 거 같아요. 학원 가기 싫다, 태권도 가기 싫다는 얘기도 저한테는 해요.

교사: 그럴 때 어머님은 어떻게 하시나요?

어머니: 애가 울면서 학원 가기 싫다고 그러면 가끔 그냥 집에서 쉬라고 그러긴 해요. 아직 어리니까요. 애아빠에게는 물론 비밀로 하지요.

교사: 정식이를 어떻게 지도해야 할지에 대해서 부모님 두 분의 의견이 상당히 다르시네요. 부모님 두 분의 의견이 똑같기는 어렵지만, 지금 제가 보기에 정식이의 경우에는 부모님 두 분의 의견과 대처방식이 너무 달라서 정식이를 지도하

는 데 효과적이지 못한 결과가 나오는 거 같습니다.

어머니: 그렇다고 저도 애아빠처럼 혼만 낼 수는 없잖아요?

교사: 두 분이 똑같이 하셔야 된다는 게 아니라 정식이를 어떻게 지도할지에 대해 미리 두 분이 먼저 충분히 의논하셔서 어머님과 아버님이 각각 정식이에게 이런 경우 저런 경우에 어떻게 할지를 합의하시고, 그 합의된 대로 일관성 있게 하시는 게 중요하다는 겁니다. 그래야 정식이도 혼란스럽게 여기지 않고, 또 나름 자기 하고 싶은 대로 빠져나가지도 않게 됩니다.

어머니: 사실 정식이 문제를 얘기하기 시작만 하면 남편과 싸우게 되니, 이야기하는 걸 그냥 피하게 되고, 그러다 보니 남편은 더 화만 내게 된 거 같기도 해요.

교사: 부모님 두 분께서 정식이 지도에 대해서 미리 의논하시고 합의하시는 게 매우 중요한데, 그런 이야기를 나누려 하면 자꾸 싸우게 되신다니, 다음에 부모님 두 분이 함께 오셔서 저와 상담을 해 보시면 어떨까요? 두 분이 정식이 지도와 관련해서 충분히 깊이 이야기를 나누실 수 있도록 제가 도움을 드릴 수 있을 거 같습니다.

예2

　　초등학교 6학년인 한규가 담임 교사에게 스스로 상담을 요청하였다. 중학교 2학년인 누나와 어머니가 자주 싸워서 너무 힘들다는 호소였다. 한규는 학업 성적은 중간 정도지만 수업태도는 양호하고 친구들이나 교사와의 관계도 좋다. 누나가 일으키는 문제들 때문에 어머니와 누나가 자꾸 싸워서 그것 때문에 집에 있기 싫다고 하였다. 어머니가 누나 뒤를 밟는 데 같이 가자고 해서 몇 번 같이 간 적이 있지만, 그런 걸 하는 게 너무 싫고 어머니가 밉다고 말하였다.

　　한규와 상담 후 교사가 어머니에게 상담을 요청하였다. 어머니 말에 따르면 한규의 누나는 중학교 진학 후부터 친구들과 늦게까지 어울려 다니며 학교를 자주 빠지고 욕설도 자주 하고 담배도 피고 술도 마시는 등 많은 문제를 일으켜 왔는데, 최근에는 외박도 한 적이 있어서 어머니가 심히 속이 상해 있다. 그렇지만 딸이 아주 심한 상태는 아니며 조만간 정신을 차리면 괜찮아질 거라고 믿고 싶어 한다. 아버지는 딸의 문제에 별로 관여하지 않는데, 무관심하다고 어머니가 화를 내면 가끔씩 딸에게 말로만 "담배와 술은 하지 마라." "잘해라."라고 얘기한다고 하였다. 어머니는 그동안 딸 문제에 대해서만 생각했지 한규가 힘들어한다는 건 잘 몰랐는데, 앞으로 한규에게 좀 더 신경을 써야겠다고 하면서, 사실 한규가 누나 일을 담임 교사에게 상담한 것이 별로 기분이 좋지는 않다고 하였다.

어머니와의 상담이 끝날 때 한두 번 더 상담을 하자고 교사가 제안하였는데, 어머니는 바빠서 그러기 어려울 것 같은데 시간 봐서 연락하겠다고 하더니 이후 연락이 없었다. 열흘 정도 후에 교사가 한규에게 집에서 어떤 변화가 있었는지 묻자, 어머니가 욕을 좀 덜하고 화도 좀 덜 내시지만 그래도 누나 문제는 그대로인 것 같다고 하였다. 그리고 어머니가 학교에 상담하러 꼭 가야 되는 건지 아니면 안 가도 괜찮은지를 한규에게 물어보았다고 하였다.

⇒ 한규 가족의 다른 구성원인 누나와 아버지는 상담에 참여하지 않고 어머니와 한규만 따로 상담을 진행하였기 때문에 한규와 어머니의 관점에만 근거하여 판단해 보자면, 한규는 자신이 관여하고 싶지도 않고 관여하는 것이 적절하지도 않은 영역에 끌려 들어가 있는 상태라고 할 수 있다. 즉, 누나의 행동문제를 해결하는 것은 부모의 역할이자 영역인데 아버지의 관여도는 매우 낮은 반면 어머니는 동생인 한규를 부모 영역에 끌어들임으로써 한규의 경계가 침범당한 것이다. 심지어 보호자상담에 어머니가 와야 되는지를 어머니가 결정하지 못하고 한규에게 물어본 것도 부모-자녀 간의 경계가 허물어져 있음을 보여 준다.

부부간의 탄탄한 유대에 기초하여 부모가 자녀문제에 대해서 의논하고 협조하면서 자녀의 문제해결을 위하여 노력하는 것이 정상적인 가족구조인데, 이 가족의 경우에는 부부간 유대는 약하고 부모-자녀 간 경계는 허물어져 있는 상태이다. 따라서 어머니와 아버지가 부부간 유대를 강화하고 부모-자녀 간 경계를 뚜렷이 함으로써 한규가 부모 역할을 떠맡지 않아도 되게끔 놓아줄 필요가 있다. 그러기 위해서는, 딸의 문제를 어떻게 해결할 것인지는 부모 둘만 있는 자리에서 의논하도록 하고, 한규에게는 누나의 문제에 대해서 이야기하지 않으며, 한규나 누나에게 중요한 지시나 훈육을 할 때는 반드시 부모가 충분한 논의를 거친 후에 누가 어떻게 할 것인지를 결정하여 그대로 실행하도록 하는 것이 바람직하다.

제16장

●

변화를 위한 개입방법 VI
: 행동적 과제들

주로 상담자와 내담자 간의 대화를 통하여 진행되는 개인상담
과 달리, 다양한 가족구성원이 참여하는 가족상담에서는 행동
적 과제를 활용하는 경우들도 많다. 이러한 행동적 과제들은 학
교에서 이루어지는 보호자상담 및 가족상담뿐만 아니라 학생집
단을 대상으로 한 심리교육에도 활용 가능하다.
이 장에서는 집 평면도 그리기, 가족연대기 적기, 가족조각하기
및 번갈아 가며 상대방이 원하는 행동하기 등 행동적 기법을
소개한다.

이 장에서는 가족의 변화를 돕기 위하여 상담회기 중에서나 상담회기 사이에 활용할 수 있는 행동적 과제들을 소개한다. 앞 장들에서 소개한 변화기법과 함께 활용할 수 있다.

집 평면도 그리기

집의 이미지 속에 가족구성원들의 소속감과 소외감, 편안함과 긴장감, 즐거움과 슬픔 및 고통, 친밀함과 소원함 등 다양한 정서, 경계와 동맹 및 얽힘, 또 많은 기억이 들어 있음을 이용한 기법이다 (Sherman, Oresky, & Rountree, 1991). 가족관계를 탐색할 수 있을 뿐 아니라 가족관계에 관한 신념 및 신화 등을 파악하는 데도 도움이 된다. 현재 가족 내의 상호작용과 잠재적 규칙을 이해하는 것뿐 아니라 원가족의 영향을 이해하는 도구로도 활용 가능하다.

1) 과정

- 아버지와 어머니에게 B4용지 이상의 큰 종이 한 장씩과 크레파스나 색연필을 주고 원가족과 함께 살던 집의 평면도를 그리게 한다.
- 부모가 그림을 그리는 동안 자녀들은 부모가 그리는 것을 지켜본다.
- 한 집에서만 살지 않았다면 그중에서 하나를 선택해서 그리도

록 한다.

- 부모가 그림을 그리는 동안 상담자는 다음과 같은 질문을 한다.
  - "집을 그리면서 각 방에서 느꼈던 분위기를 적으세요."
  - "집 안 각 부분의 냄새, 소리, 색, 그리고 사람들을 기억해 보세요."
  - "가족들이 특별하게 모였던 곳이 있습니까?"
  - "친척들이 오면 어디로 갔습니까?"
  - "들어가면 안 되는 곳이 있었습니까?"
  - "집 안에 당신에게 특별한 장소가 있었습니까?"
  - "가족들과 가까웠는지 혹은 멀었는지 기억해 보세요. 이 집에는 나만의 시간과 공간이 있었나요?"
  - "동네 어느 부분에 집이 있었나요? 이웃과 비슷한 형편이었나요?"
  - "이 집에서 일어났던 대표적 사건을 기억해 보십시오."
  - "가족들이 습관적으로 자주 사용했던 말들을 떠올려 보십시오."
- 부모가 그림 그리기를 마치면 부모와 자녀 모두에게 각자 이 과정을 통해서 알게 된 것을 말하게 하고 함께 이야기를 나눈다.
- 상담자가 파악한 점을 가족에게 말하고, 그에 대한 가족의 반응을 알아본다.

2) 응용

- 자녀들로 하여금 집 평면도를 그리게 하고 부모는 지켜보도록 하여 역할을 바꿔서 진행할 수 있다.
- 부모와 자녀 모두가 현재 살고 있는 집의 평면도를 그리게 하는 방식으로 진행할 수 있다.
- 가장 특별했던 시간을 기억하게 한 후에 그 상황에서 가족구성원들의 모습을 집 평면도 속에 그리도록 할 수 있다.
- 상담에 참여한 가족구성원의 수에 상관없이 진행할 수 있으며, 개인상담 시에도 진행할 수 있다.
- 학급에서 전체 학생을 대상으로 자기 집의 평면도를 그리게 하고 모둠별로 이야기를 나눔으로써 가족에 대한 이해를 깊게 하는 도구로 활용할 수 있다

가족연대기 적기

시간대별로 가족이 기억하는 중요한 사건들을 연대기로 기록하게 하는 방법이다(Rasheed, Rasheed, & Marley, 2010). 가족구성원들이 가족사의 어느 부분에 관심을 많이 두고 있는지, 각 사건을 어떻게 해석하고 문제해결을 했는지, 가족규칙이나 동맹 및 위계가 어떻게 변화했는지 등을 이해하는 데 도움이 된다. 가족이 예전에 행복했던 때가 있었음을 기억하고 다시 행복해질 수 있다는 긍정

적 기대를 되살리는 계기가 될 수 있으며, 가족이 관계를 유지하고
자 하는 의지와 노력이 있었던 점, 서로 다른 의견을 가질 수 있음
도 발견하게 할 수 있다. 또한 자녀들이 몰랐던 부모의 사랑과 노력
및 고통을 알게 됨으로써 부모에 대한 인식과 태도가 변화할 수 있
으며, 특정 문제나 문제 소유자에 대한 관심을 가족 전체로 넓힐 수
있는 등 다양한 효과를 가져올 수 있다.

1) 과정

- 부모나 가족 전체로 하여금 시간대별로 기억나는 중요한 사건
  들을 가족연대기로 작성해 보게 한다.
  - "가족연대기를 기록해 보시기 바랍니다. 연도별로 하셔도
    좋고 더 작은 시간대로 나누어서 하셔도 좋습니다. 부모님
    이 결혼했던 때부터 시작하실 수도 있고, 처음 만나셨던 때
    부터 시작하셔도 좋습니다. 시간대별로 기억하시는 가족의
    중요한 사건들을 차례로 적으시면 됩니다. 자녀들이 기억할
    수 있는 때부터는 자녀들도 가족연대기 작성과정에 함께 참
    여해도 좋습니다."
- 가족연대기에 기록된 내용을 보면서 상담자는 다양한 질문을
  할 수 있다.
  - "이 시기에 두 분의 관계가 굉장히 어려우셨는데, 그래도 관
    계를 유지하겠다는 의지를 어떻게 가지게 되셨나요?"
  - "두 분이 관계를 유지하겠다고 생각하신 것은 언제인가요?

그다음에 어떤 일이 생겼나요?"

-"자녀를 키우다 보면 부모가 서로 다른 의견을 가질 수 있는데, 두 분은 서로 다른 의견을 상대방에게 어떻게 표현하십니까?"

-"예전에 행복했던 때를 지금 다시 기억해 보시니까 어떠신가요?"

-"철호는 그때 부모님이 많이 힘드셨던 걸 알고 있었니?" "그때 부모님의 고통을 알고 어떤 마음이었는지 기억나니?" "철호가 그렇게 행동했을 때 부모님의 반응은 어땠니?"

• 이 과정을 통해서 무엇을 알게 되었으며 어떤 느낌이 드는지 각 가족구성원이 말하게 하고 함께 이야기를 나누도록 한다.

• 상담자가 파악한 점을 말하고, 그에 대한 가족의 반응을 알아본다.

2) 응용

• 부모나 가족 전체가 함께 가족연대기를 작성하게 할 수도 있고, 가족구성원 각자가 연대기를 따로 작성한 후에 내용들을 비교하면서 이야기를 나눌 수도 있다.

• 부모가 자란 원가족의 연대기를 각각 작성하도록 한 후에 현재 가족의 연대기와 연결하여 이야기를 나눌 수 있다.

• 참여 가족구성원 수에 상관없이 가족연대기를 작성하게 할 수 있으며, 참여하지 못한 구성원은 연대기 내용에 대해 어떻게

생각할 것 같은지를 질문할 수 있다.
- 학급 학생 전체를 대상으로 각각 가족연대기를 작성하고 이야
  기를 나누도록 할 수 있으며, 가족과 함께 집에서 작성해 오는
  과제로 부여할 수도 있다.

가족조각

한 사람의 구성원이 조각가가 되어 가족구성원들에게 행동과 감
정을 표현하는 자세를 취하게 하여 조각물로 만들게 하는 기법이
다(Duhl, Kantor, & Duhl, 1973). 행동적 표현이 주된 기법이고 생동
감이 있어서 언어표현이 서툴거나 어린 자녀도 쉽게 참여할 수 있
고, 대화로만 상담을 진행하는 것에 부담을 느끼는 가족뿐만 아니
라 경직되거나 방어적인 언어행동을 보이는 가족구성원이 있을 때
분위기를 편안하게 만들 수 있다. 가족구성원들이 자신과 상대방
의 감정을 인식하는 데도 효과적이며, 가족의 응집력을 강화하거
나 구성원의 개별화를 촉진하는 데도 도움이 될 수 있다.

1) 과정

- 가족에게 가족조각기법을 설명한다.
  - "지금부터 가족조각이란 활동을 해 보도록 하겠습니다. 여러
    분이 가족의 구성원으로 살아가는 경험이 어떤지 느껴 보고

이해하는 데 도움이 되는 활동입니다. 한 사람이 조각가가 되어 다른 구성원들을 찰흙처럼 활용하여 조각을 만드는 겁니다."

• 상담자가 한 명을 조각가로 선택하거나 가족 중에서 자원자를 모집하여도 된다.

• 조각가와 가족구성원에게 조각과정을 설명한다.

–"자, 여기 있는 식구들이 찰흙으로 만들어졌다고 생각하고 식구들의 신체를 움직여서 조각을 만들어 보세요. 어디에 배치할 것인지, 어떤 자세로 할 것인지 조각가 마음대로 만들어 보세요."

–"다른 식구들은 모두 조각가의 요구대로 자세를 잡아 주어야 합니다. 다른 식구들도 차례가 되면 조각가가 되어 똑같이 해 보는 기회를 가질 수 있습니다."

–"조각가는 조각이 마음에 들 때까지 식구들의 위치나 자세에 변화를 줄 수 있습니다."

- 가족조각이 완성되면 다음과 같은 질문을 할 수 있다.

  (가족구성원 각자에게 질문)

  -"가족 내의 자신의 위치에 대해서 어떤 느낌이 듭니까?"

  -"조각가인 구성원이 당신을 그렇게 지각한다는 것을 알고 있
  었습니까?"

  (가족 전체에게 질문)

  -"조각가인 구성원이 가족을 그렇게 지각한다는 것을 알고 있
  었습니까?"

  -"가족이 이 조각처럼 지내고 있다는 것에 동의하십니까?"

  (조각가에게 질문)

  -"이 조각의 이름을 지어 보세요."

  -"가족에서 어떤 것이 바뀌었으면 좋겠습니까? 바뀌었으면 싶
  은 대로 조각을 변형해 보세요." "변형된 조각의 이름은 무엇
  으로 붙이겠습니까?"

- 가족구성원 전부가 참여하면 가장 좋지만, 빠진 구성원이 있
  다면 그 사람을 대체하여 기구나 도구를 사용할 수 있다.

- 앞의 과정이 끝나면 조각가를 바꿔서 다시 반복한다.

- 참여한 구성원 모두가 조각가가 되어 앞의 과정을 다 마친 후
  이 경험을 통해서 알게 된 점, 깨달은 점, 느낀 점 등에 대해 다
  시 이야기를 나눈다.

- 상담자가 파악한 점을 가족과 이야기 나누고, 그에 대한 가족
  의 반응을 알아본다.

2) 응용

- 가족 전체나 가족구성원 일부가 대화하는 모습을 조각으로 나타내 보도록 하는 것처럼 특정 상호작용 행동에 초점을 맞추어 조각을 만들도록 할 수도 있다. Satir가 지칭한 것처럼 비난자, 회유자, 계산자, 혼란자 등과 같은 의사소통을 통한 역기능적 가족 역할이 있다고 상담자가 판단하는 경우, 그러한 역할을 조각으로 표현하도록 함으로써 가족이 의사소통 방식을 체험하도록 하는 기회로 활용할 수 있다.
- '가장 행복했던 때' '가장 슬펐던 때' '가장 힘들었던 때' 등 특정 시기를 정하여 가족조각을 해 보도록 할 수도 있다.
- 가족구성원 모두가 동일한 과정을 거치게 할 수도 있고, 구성원마다 다양하게 진행할 수도 있다.
- 학급에서 모둠을 구성한 후 한 사람씩 돌아가며 조각가가 되어 모둠의 다른 학생들을 자기 가족인 것처럼 가족조각을 만들고 그 경험을 모둠별로 나눔으로써 가족에 대한 이해를 깊이 하는 기회로 활용할 수 있다.

내가 돌보는 날

가족구성원 간에 긍정적 상호작용이나 강화가 부족한 경우, 상대가 원하는 행동을 돌아가면서 제공하도록 하여 관계가 향상되게 돕는 기법이다(Beck, Freeman, & Davis, 2003). 가족은 상호작용을 인식할 때 서로 구두점을 다르게 찍어서 상대방의 행동이 원인이고 자신의 행동은 그에 따른 결과라고 인식하기 때문에, 서로 상대방이 먼저 변해야 나도 변할 것이라는 완고한 태도를 가지는 경우가 많다. 이 기법은 상대방이 원하는 행동을 자신이 먼저 시도한 후에 상호작용이 어떻게 달라질 수 있는지를 실험적으로 시도하는 것을 번갈아 가며 진행하는 것이다.

1) 과정

- 가족구성원들에게 종이를 한 장씩 주어서 각자 상대방에게 원하는 바를 서너 개씩 적어 목록을 만들게 한다. (상대방이 자신에게 무엇을 원하는지 알기 전에 자신이 상대방에게 원하는 바를 자유롭게 적을 수 있도록, 따로 적는 것으로 시작한다.)
- 각자 목록 작성이 끝나면 다음과 같은 양식에 옮겨 적는다.

〈목록 작성을 위한 양식의 예〉

부부 참여 시:

아내가 남편에게 바라는 것	남편이 아내에게 바라는 것
-----------------------------	-----------------------------
-----------------------------	-----------------------------
-----------------------------	-----------------------------
-----------------------------	-----------------------------

부모-자녀 참여 시:

부모가 정우에게 바라는 것	정우가 부모에게 바라는 것
-------------------------	-------------------------
-------------------------	-------------------------
-------------------------	-------------------------
-------------------------	-------------------------

- 상대방이 바라는 것을 각자가 번갈아서 실행할 요일을 '내가 돌보는 날'로 선정하게 한다.
  - 예: 아내는 월·수·금요일에, 남편은 화·목·토요일에 실행한다.
- 한 주 동안 정해진 '내가 돌보는 날'에 상대방이 바라는 대로 실행하도록 노력해 본다.
- 한 주 후에 다시 만나서 자신과 상대방에게서 변화된 점과 그러한 변화가 관계에 미친 영향을 탐색하고, 목록을 다시 작성한다.
- 재작성한 목록대로 상대방이 바라는 바를 실행하는 과정을 반복한다.

2) 응용

- '내가 돌보는 날'을 실행하며 자신의 변화된 행동이 상대방과 관계에 미치는 영향을 관찰하여 목록으로 작성해 오도록 추가 과제를 부여할 수 있다.

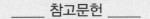 참고문헌 _____

김혜숙(1999). 청소년 부모상담의 전개과정. 한국청소년상담원, 청소년 부모상담과 교육(pp. 61-118). 한국청소년상담원.

김혜숙(2013). 한국 이혼가정 아동의 성장: 위험과 자원-아산재단 연구총서 제346집. 서울: 집문당.

김혜숙, 공윤정, 김선경, 여태철, 이한종, 정애경, 황매향(2018). 초보자를 위한 학교상담 가이드: 사례 선정에서 종결까지. 서울: 학지사.

김혜숙, 최동옥(2013). 교사를 위한 학부모상담 길잡이. 서울: 학지사.

Baldwin, M. (1993). Ingredients of an interaction. In T. S. Nelson & T. T. Trepper (Eds.), *101 interventions in family therapy*. New York, NY: The Haworth Press, Inc.

Beck, A. T., Freeman, A., & Davis, D. D. (2003). *Cognitive therapy of personality disorders* (2nd ed.). New York, NY: The Guilford Press.

Berg, I. K., & Dolan, Y. (2001). *Tales of solution: A collection of hope inspiring stories*. New York, NY: W.W. Norton.

Boszormenyi-Nagy, L., & Spark, G. L. (1973). *Invisible loyalties:*

Reciprocity in intergenerational family therapy. New York, NY: Harper & Row.

Bowen, M. (1976). Theory in the practice of psychotherapy. In P. J. Guerin (Ed.), *Family therapy: Theory and practice* (pp. 42-90). New York, NY: Gardner Press.

Carter, B., & McGoldrick, M. (1999). *The expanded family life cycle* (3rd ed.). Boston, MA: Allyn & Bacon.

Cormier, S., Nurius, P. S., & Osborn, C. J. (2009). *Interviewing and change strategies for helpers* (6th ed.). MA: Cengage Learning.

Duhl, F., Kantor, D., & Duhl, B. S. (1973). Learning, space, and action in family therapy: A primer of sculpture. In D. A. Bloch (Ed.), *Techniques of family psychotherapy: A primer* (pp. 47-63). New York, NY: Grune and Stratton.

Durant, M. (1995). *Creative strategies for school problems: Solutions for psychologists and teachers.* New York, NY: W. W. Norton & Company.

Epstein, N. B., Bishop, D. S., & Levin, S. (1978). The McMaster model of family functioning. *Journal of Marriage and Family Counseling, 4,* 19-31.

Freeman, D. (1992). *Family therapy with couples: The family of origin approach.* Northvale, NJ : Jason Aronson, Inc.

Friedman, H., Rohrbaugh, M., & Krakauer, S. (1988). The time-line genogram: Highlighting temporal aspects of family relationships. *Family Process, 27*(3), 293-303.

Griffin, W. A. (1993). *Family therapy: Fundamentals of theory and practice.* New York, NY: Brunner & Mazel Publishers.

Grotevant, H. D., & Carlson, C. I. (1989). *Family assessment: A guide to methods and measures.* New York, NY: The Guilford Press.

Haley, J. (1976). *Problem-solving therapy.* San Francisco, CA: Jossey-Bass.

Hecker, L. (1993). The communication stone. In T. S. Nelson & T. T. Trepper (Eds.), *101 interventions in family therapy.* New York, NY: The Haworth Press, Inc.

Kradin, R. (2009). The family myth: Its deconstruction and replacement with a humanized balanced narrative. *The Journal of Analytical Psychology, 54*(2), 217-232.

Minuchin, S. (1974). *Families and family therapy.* Cambridge, MA: Harvard University Press.

Nichols, M. P. (2014). *The essentials of family therapy* (6th ed.). Boston, MA: Pearson Education, Inc.

Nichols, M. P., & Davis, S. D. (2017). *Family therapy: Concepts and methods* (11th ed.). Boston, MA: Pearson Education, Inc.

O'Brian, C., & Bruggen, P. (1985). Our personal and professional lives: Learning positive connotation and circular questions. *Family Process, 24,* 311-322.

Patterson, J., Williams, L., Grauf-Grounds, C., & Chamow, L. (1998). *Essential skills in family therapy: From the first interview to termination.* New York, NY: The Guilford Press.

Rasheed, J. M., Rasheed, M. N., & Marley, J. A. (2010). *Family therapy: Models and techniques.* Los Angeles, CA: SAGE Publications.

Robin, A. L., & Foster, S. L. (1989). *Negotiating parent-adolescent conflict.* New York, NY: The Guilford Press.

Satir, V. (1972). *Peoplemaking.* Palo Alto, CA: Science and Behavior Books.

Selvini-Palazzoli, M., Boscolo, L., Cecchin, G., & Prata, G. (1978). A ritualized prescription in family therapy: Odd days and Even days. *Journal of Marriage and Family, 4,* 3-9.

Sherman, R., Oresky, P., & Rountree, Y. (1991). Solving problems in couples and family therapy: Techniques and tactics. Levittown, PA: Brunner/Mazel.

Thomlison, B. (2007). *Family assessment handbook: An introductory guide to family assessment and intervention* (2nd ed.). Belmont, CA: Thomson Higher Education.

Tomm, K. (1988). Interventive interviewing: Intending to ask linear, circular, strategic, or reflective questions. *Family Process, 27,* 1-15.

Watzlawick, P., Beavin, J., & Jackson, D. (1967). *Pragmatics of human communication.* New York, NY: Norton.

Watzlawick, P., Weakland, J., & Fisch, R. (1974). *Change: Principles of problem formation and problem resolution.* New York, NY: Norton.

White, M., & Epston, D. (1990). *Narrative means to therapeutic ends.* New York, NY: W. W. Norton & Company.

Winnicott, D. W. (1999). *Home is where we start from: Essays by a psychoanalyst.* New York, NY: Norton.

찾아보기

내 용

저자 소개

김혜숙(金惠淑, Hyesook Kim)

학력
서울대학교 사범대학 교육학과 학사
서울대학교 대학원 교육심리 전공 석사
Stanford University 상담심리학 박사

전직
한국행동과학연구소 연구원
한국청소년상담원 상담조교수

현직
경인교육대학교 교육학과 교수(1998~현재)

주요 저서
학교상담과 생활지도(학지사, 공저, 2020)
초보자를 위한 학교상담 가이드: 사례 선정에서 종결까지(학지사, 공저, 2018)
인성교육의 실제: 아동과 청소년(학지사, 공저, 2017)
한국형 초등학교 생활지도와 상담(학지사, 공저, 2014)
교사를 위한 학부모상담 길잡이(학지사, 공저, 2013)
초보자를 위한 학위논문 작성법(학지사, 공저, 2013)
한국 이혼가정 아동의 성장: 위험과 자원-아산재단 연구총서 346(집문당, 2013)
초등교사를 위한 문제행동 상담 길잡이(교육과학사, 공저, 2008) 외 다수

학교 현장을 중심으로 한

가족상담
-이해와 활용-

Family Counseling in School Settings

2020년 8월 5일 1판 1쇄 인쇄
2020년 8월 10일 1판 1쇄 발행

지은이 • 김혜숙
펴낸이 • 김진환
펴낸곳 • ㈜ **학지사**

　　　　04031 서울특별시 마포구 양화로 15길 20 마인드월드빌딩
대표전화 • 02-330-5114　　팩스 • 02-324-2345
등록번호 • 제313-2006-000265호

홈페이지 • http://www.hakjisa.co.kr
페이스북 • https://www.facebook.com/hakjisa

ISBN 978-89-997-2137-3 93180

정가 15,000원

이 도서의 국립중앙도서관 출판시도서목록(CIP)은 서지정보유통지
원시스템 홈페이지(http://seoji.nl.go.kr)와 국가자료공동목록시스템
(http://www.nl.go.kr/kolisnet)에서 이용하실 수 있습니다.
(CIP 제어번호: CIP2020028999)

출판 · 교육 · 미디어기업 **학지사**

간호보건의학출판 **학지사메디컬** www.hakjisamd.co.kr
심리검사연구소 **인싸이트** www.inpsyt.co.kr
학술논문서비스 **뉴논문** www.newnonmun.com
원격교육연수원 **카운피아** www.counpia.com